AF313101

PIECES LIBRES

DE Mr. FERRAND,

ET

POÉSIES

DE QUELQUES AUTEURS

SUR DIVERS SUJETS.

A LONDRES.

M. DCC. LX.

PIECES
LIBRES
DE
MR. FERRAND.

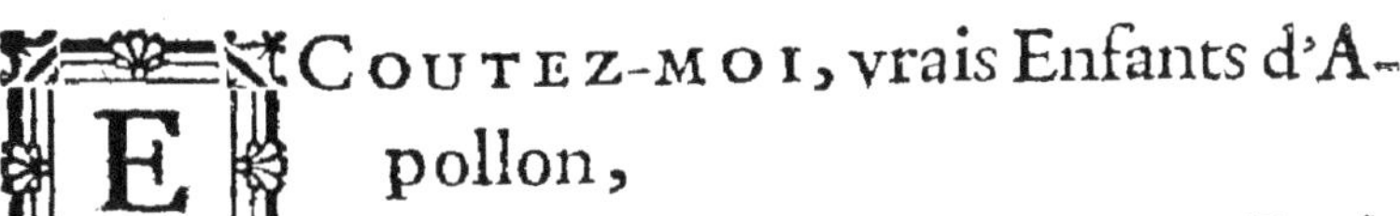

Si tu veux, suivant ta chimere,
Regner sur le sacré vallon,
Parmi les Galants de ta Mere,
Ferrand, dis-moi quel est ton Pere,
Et tu seras mon Apollon.

ECOUTEZ-MOI, vrais Enfants d'A-
pollon,
Doctes Rimeurs & joyeux Ecri-
vains,
J'ai vu Phœbus dans le sacré vallon.
Pas ne croyez que ce sont contes vains;

A ij

Oui, je l'ai vu : Nymphes & Dieux Sylvains
Suivoient ses pas, attentifs à ses sons ;
Rien ne chantoit que badines Chansons,
Car Apollon quelquefois aime à rire.
Je l'écoutai, j'en retins les leçons,
Et d'après lui j'ose ici les écrire.

Au lit de mort une vieille à confesse,
Qui cinquante ans sous Vénus travailla,
A Bourdaloue exageroit sans cesse
Les doux plaisirs dont amour la combla.
Oh ! ça, lui dit l'Enfant de Loyola,
Songez à Dieu : je le voudrois, dit-elle,
Mais j'ai toujours un b...gre de v.. là,
Même en mourant, qui me f... la cervelle.

Deux Cordeliers, grands débrideurs de
  Nones,
A frais communs desservoient un Couvent,
Et dirigeoient douze gaillardes Nonnes ;
C'en étoit six pour chaque desservant.
L'un trépassa dans de rudes épreuves :
Moi j'ai bon dos, dit l'autre survivant ;
Morbleu, je veux époufer les six veuves.

Trois fiecles différents ont produit à la fois
   Martial, Horace & Pindare;
   Quel fiecle, ami, feroit plus rare,
   S'ils étoient raffemblés tous trois!
   Rouffeau, nul autre, ce me femble,
   Au nôtre ne peut être égal,
   Puifque dans toi feul il raffemble
   Pindare, Horace & Martial.

❉❉

   Le Tragi-comique Danchet,
   Dont le fiel contre moi s'allume,
   S'exprime à peu près de fa plume,
   Comme un Savetier du tranchet.
   L'un fait des fouliers & des....
   Souliers qu'il vend cher aux badauts,
   Et l'autre ne fait point des Pieces
   Que de pieces & de morceaux.

❉❉

Un beau Chartreux, Moine Napolitain,
Fut pris fondant fon Prieur D. Jerôme.
On le conduit au Métropolitain:
Ça votre nom, dit l'Evêque? D. Côme:
Votre péché quel eft-il? de Sodome:
Votre âge quel? il eft de vingt-huit ans;
Moine de quand? dès mon plus jeune temps:

A iij

Dans le Couvent qu'êtes-vous? Econome.
Ah! dit alors l'Evêque entre ſes dents,
Bien payerois un pareil Major-dome.

⁂ ⁂

Pere Macaire en un coin inſtruiſoit,
En l'embraſſant, fille ſimple & gentille;
Mais cependant qu'il la catéchiſoit,
Ce que ſavez croiſſoit ſous ſa mandille:
Que ſens-je là, Pere, lui dit la fille,
Après avoir ſon *Pater* achevé?
Je ne ſais quoi là-deſſous s'eſt levé,
Qui me repouſſe. Ah! dit Pere Macaire,
Serrez-le bien, & dites votre *Ave*,
De ſaint François c'eſt le grand reliquaire.

⁂ ⁂

Nonnain Ferlue & Frere Roidinet
S'eſcarmouchoient de la belle maniere;
Comme un verrat le bon Frere écumoit,
La bonne Sœur s'eſcrimoit du derriere;
Mais quand venoit à l'extaſe derniere,
Comme un Païen le frappart blaſphemoit.
Ah! quel péché, dit lors la mijaurée,
Tels jurements vous damneront. Hélas!
Dieu permet bien que prenions nos ébats;

Mais pour guérir mon ame timorée,
Frere très-cher, hélas! ne jurez pas.

Un maltôtier gourmandoit des manœu-
vres,
Qu'il avoit fait travailler à son fief,
Pour élever poteaux & hautes œuvres,
Croyant par-là se donner du relief.
Par saint Matthieu, pareille masse-pierre,
S'écria-t-il, ne durera vingt ans.
Ah! Monseigneur, lui repart Maître Pierre,
Ç'en sera là pour vous & vos enfants.

Dans un festin donné par la jeunesse
Aux deux Amants que Vulcain surprit nuds,
Pour servir Mars, pour servir sa Maîtresse,
Amours badins furent tous retenus:
Si devoient-ils, par Hébé soutenus,
Ne célébrer que la fille de l'Onde;
Mais les frippons, laissant Dame Vénus,
Chanterent ... qui ? chanterent Rupel-
monde.

Quand Apollon, avec le Dieu de l'Onde,
Vint autrefois habiter ces bas lieux,

L'un sut si bien cacher la tresse blonde,

L'autre ses traits, qu'on méconnut les
        Dieux:

Mais c'est en vain qu'abandonnant les
        Cieux,

Vénus, comme eux, veut se cacher aux
        Cieux,

On la connoît au pouvoir de ses yeux,

Lorsque l'on voit paroître Rupelmonde.

* * *

Un Mathurin, rédempteur assidu,

Pour convertir un Turc, lui disoit comme

Adam mangeant de ce fruit défendu

Nous damna tous; que Dieu s'étant fait
        homme

Pour nous sauver, fut en Croix suspendu.

Donc, dit le Turc, si j'ai bien entendu,

Votre Dieu fut pendu pour une pomme.

* * *

Avec un bon v... long d'une aune,

Et dont la mine ragoûtoit

Le Capucin Blaise f......

Une vénérable Matrone;

Mais par respect notre vieux Faune

N'osoit lui mettre jusqu'au bout.

Par la morbleu mettez-le tout,
Dit-elle au Pudibond Priape,
Un bon v.. d'âne quand il f...
Fait plus d'honneur qu'un v..de Pape.

***

Anne, dit-on, médit de moi,
Et me souhaite, en un huitain,
Tous les maux qu'elle craint pour soi,
Et qu'elle aura pour le certain.
Mais Anne me maudit en vain,
De ce ne suis épouvanté;
Malédictions de Putain....
Sont oraisons pour la santé.

***

Après confesse, à travers un Parloir,
La Sœur Colette entretenoit Pere Ange;
Est-ce un péché, dit-elle au Frere noir,
De se gratter quand le nombril démange?
Oui, c'est péché, ne fut-ce qu'un moment;
Nos corps ne sont que boue & que souil-
    lures,
Et quel qu'en soit le désir véhément,
Ne faut sur soi porter ses mains impures.
Lors se levant & troussant ses habits,
Grattez-moi donc, dit Colette au Pere Ange,

Vous, Pere en Dieu, dont les doigts font
benis;
Mais grattez fort, car bien fort me démange.

* * *

Aſtrée un jour s'enquit du Médecin,
Quel temps étoit à l'amour plus propice:
L'ébat, dit-il, au matin eſt plus ſain,
Mais vers le ſoir il a plus de délices.
Oracle ſûr! ſavante Faculté!
Bien répondu! Depuis ce temps Aſtrée
Chaque matin le fait pour ſa ſanté,
Pour le plaiſir le fait chaque ſoirée.

* * *

Lorſque les deux Anges blondins
Aux Sodomites apparurent,
Deux des plus nobles Citadins
En rut auſſi-tôt accoururent.
Les Anges eurent beau voler,
Les b......pour les enculer
A leurs dos ſi fort ſe lierent,
Qu'emportés là-haut tout brandis,
En déchargeant ils s'écrierent,
Ah! nous ſommes en Paradis.

* * *

Themire, au gré de mes defirs,
J'ai cru vous voir abandonnée;
J'ai cru m'enivrer des plaifirs
De la nuit qui fuit l'hymenée:
Mais à mon réveil j'ai connu
Que je m'étois entretenu
D'illufions & de menfonges.
Que j'aurai de félicité,
S'il eft vrai ce qu'on dit des fonges,
Qu'ils promettent des vérités!

Le Frere Luc ayant mis bas biffac,
Froc & manteau, pour la Dame de Bec,
Bien l'exploitoit au fond d'un cul de fac,
Main fur tettin, œil contre œil, langue en
    bec.
Puis tout à coup Luc d'un goût un peu grec,
La vire droit, fiche où favez fon pic.
Pour l'en ôter fifflant comme un afpic,
La Dame alloit & de taille & d'eftoc,
Se remuant. Sacré froc d'Habacuc!
Trop bien allez, lui dit le porte-froc,
Mieux qu'un Prélat vous traitez Frere Luc.

Il n'en est plus, Themire, de ces cœurs
Tendres, constants, incapables de feindre,
Qui d'une ingrate épuisant les rigueurs,
Vivoient contents & mouroient sans se
    plaindre.
Les feux d'amour alors étoient à craindre;
Mais aujourd'hui les feux les plus constants
Sont ceux qu'un jour voit naître & voit
    éteindre :
Hélas! pourquoi suis-je encor du vieux temps!

Blaise consultant ses amis
Sur une affaire d'importance,
Leur disoit : vous m'avez promis
Dans mes besoins votre assistance.
Jean, l'un d'eux, lui dit aussi-tôt:
Qu'est-ce donc, Blaise, qu'il vous faut?
Quel trouble agite ainsi votre ame?
Est-ce du bien qu'on vous ravit?
Blaise répond : j'ai mal au v..
Dois-je à présent baiser ma femme?
Male-peste, que dites-vous,
Dit Jean? c'est pour nous perdre tous.

Vous buvez d'un vin, moi d'un autre,
Et mon plat n'eſt jamais le vôtre,
Quand vous me donnez un repas.
Ce procédé me ſemble étrange :
Faut-il, quand avec vous je mange,
Qu'avec vous je ne mange pas ?

Pour une mauvaiſe Chanſon,
Paul s'imagine être un Virgile ;
Ainſi qu'il ſe croit un Achille,
Pour une bleſſure au talon.

Au rendez-vous, dès le matin donné,
Vint une Belle, ivre d'un vin nocturne,
Dont le Galant ſe trouvant étonné,
A la tancer point ne fut taciturne.
Morbleu ! dit-il, chauſſant ſon grand co-
thurne,
Ce n'eſt aimer que s'enivrer ainſi.
Ce trait eſt noir : oh ! oh ! nous y voici,
Reprit la Dame. Eh ! par le grand ſaint
Jacques,
Vous ſemble-t-il que nous ſoyons ici
Venus tous deux pour y faire nos Pâques ?

Belle jupe, beaux cotillons
On remarque aux filles de joye;
Tout le reste est en guenillons,
Gants, manchons, souliers, petite oye.
Alix dit, que c'est la raison
Que son devant soit le plus leste,
Puisqu'il est maître en la maison,
Et qu'il fait aller tout le reste.

L'INTERROGATOIRE.

UN vieux Juge informant d'un viol fait
sur les lieux,
Interrogeoit sur ce fillette à porte close,
Sotte, il est vrai, d'esprit, mais fraîche
comme rose.
C'étoit morceau friand; aussi déja des yeux
Le Ribaud la convoite, & pour l'abuser
mieux,
Tout ce qu'à l'accusé la Belle avoit vu
faire,
Le paillard le faisoit, caressoit la commere,
Prenoit ses blancs tettins, levoit son tablier:
Ça, dit-il, entre nous, fit-il pas autre chose?

Eh! oui, dit-elle, il mit.... mettons donc,
    & pour cauſe;
Un Juge, comme moi, ne doit rien oublier.
Jean, qui devoit après dépoſer ſur l'affaire,
Par la porte de l'huis aviſa le myſtere,
Et lors pour déloger ne ſe fit pas prier.
Tous les autres témoins avoient beau lui
    crier,
Eh! pour Dieu, Jean reviens. A d'autres,
    dit-il; Diantre,
J'ai vu ce que j'ai vu, grand merci de vos
    ſoins;
    Le Diable m'emporte ſi j'entre,
    On y chevauche les témoins.

A U T R E.

JAdis logeoit près d'un Couvent femelle
Certain quidam friand d'un tel gibier.
Or, là dedans chaque nuit ſans chandelle
Par l'huis ſecret entroit maint Cordelier.
Si faut-il bien, dit-il, de cette porte
Uſer auſſi : Pour ce mit une nuit
L'habit clauſtral, & parmi la cohorte

Deſſous le froc fut d'abord introduit.
Or, il n'entroit qu'autant de béats Peres
Qu'elles étoient de révérendes Meres.
Fixe en étoit le nombre au rendez-vous :
Chacun trouvoit toujours même monture;
Et là par rangs ils ſe pourvoyoient tous.
Advint qu'enfin Frere Bonaventure,
Ne trouva point gîte : Ouais, qu'eſt-ceci?
S'écria-t-il; puis le long de la Sale, &c.

LA PRÉSOMPTION HUMILIÉE.
CONTE.

CErtain Autel de royale fabrique
A pour tableau l'Annonciation.
Voyant la Vierge, un Vieillard Séraphique
Du feu charnel ſentit l'émotion.
Si forte en lui fut la tentation,
Qu'avec ſcandale il quitta le myſtere.
Fi, quelle horreur! dit un Jéſuite auſtere;
Onc pour tableau tel penſer diſſolu
Ne m'adviendra : qu'on allume le cierge,
Vierge, ne crains. Le béat réſolu,
Sans rien ſentir, conſidere la Vierge;
Mais il vit l'Ange, & le voilà pollu.

CON-

C O N T E.

EN l'âge d'or que l'on nous vante tant,
Où l'on aimoit fans loix & fans con-
    trainte,
On croit qu'Amour eut un regne éclatant.
C'eft une erreur; il fut fi peu content,
Qu'à Jupiter il porta cette plainte :
J'ai des fujets, mais ils font trop foumis,
Dit-il; je regne, & je n'ai point de gloire;
J'aimerois mieux dompter des ennemis :
Je ne veux plus d'empire fans victoire.
A ce difcours Jupin rêve, & produit
L'auftere honneur, l'épouvantail des Belles,
Rival d'Amour, & Chef de ces rebelles,
Qui font beaucoup avec fort peu de bruit.
L'Enfant mutin le confidere en face,
De près, de loin, & puis faifant un faut :
Pere des Dieux, dit-il, je te rends graces,
Tu m'as fait là l'ennemi qu'il me faut.

ÉPIGRAMMES.

BRulé du feu de la concupiscence,
Frere Thibaud courut à son Gardien.
Jeûnez, mon fils, lui dit la Révérence :
Thibaud jeûna ; le jeûne ne fit rien.
Lors derechef Thibaud se plaint : eh bien,
Joignez au jeûne & discipline & haire,
Dit le Vieillard ; mais las le pauvre haire
Sentit sa chair encor plus regimber.
Vertu du froc ! succombez-y donc, Frere,
Tant que d'un an n'y puissiez retomber.

Robin cherchant aventure charnelle,
Pressoit au Bal Tendron de quatorze ans,
Qui, sous l'habit de gente Demoiselle
Lui dit : calmez ces desirs violents,
Point ne ferez ici d'exploits galants,
Mâle je suis. Robin ne se dérange,
Et s'écria les yeux étincelants,
Ainsi soit-il ! parbleu, je gagne au change.

Pour quelque temps Apollon voudrois
    être ;
Non pour defir d'éclairer l'univers,
Non pour tirer fleches, ni pour connoître
Simples cachés & leurs effets divers ;
Non que je veuille, ô puiffant Dieu des
    Vers ,
Régler les rangs qu'à ton gré tu décernes :
Mais nettoyant le Pinde & fes cavernes,
Je ne voudrois qu'en chaffer un monceau,
Un vil effaim de Poëtes modernes,
Pour n'y laiffer que La Mothe & Rouffeau.

Un jour auprès d'un aveugle en priere,
Au coin d'un bois, Jean du malin preffé,
Mit bas Alix, gentille chambriere,
Et l'exploita dans le fond d'un foffé.
L'aveugle écoute, & d'un ton plus baiffé
Va marmottant l'*Ave* de notre Dame.
Ah ! je me meurs, dit Alix, qui fe pâme ;
Moi, reprit Jean, fuis déja trépaffé ;
L'aveugle dit : Dieu veuille avoir votre ame.
    Et *Requiefcant in pace.*

Pour confeſſer femelle de vingt ans
Par un matin arriva Pere Antoine;
Près de ſon lit d'abord s'aſſit le Moine,
Mais tôt après le ribaud fut dedans.
Frere Lubin, avec des yeux ardents,
Voyoit le tout de loin par la fenêtre;
Hélas! dit lors Lubin entre ſes dents,
N'aurai-je point le bonheur d'être Prêtre?

LE
LUXURIEUX,
COMÉDIE
EN UN ACTE,
Par LE GRAND.

SCENE PREMIERE.

VALERE, ISABELLE.

ISABELLE.

VOus verrai-je toujours plongé dans
la luxure?

VALERE.

Que voulez-vous, ma sœur; je cede à la
nature.

Vous le favez, chacun a divers appétits;
Vous êtes pour les grands, je fuis pour les
    petits....
J'entends les grands repas.

ISABELLE.

       Que voulez-vous entendre?
Mon frere, en vérité, je ne faurois com-
    prendre.

VALERE.

Vous ne fauriez comprendre! avez-vous
   point dequoi?
J'entends un grand efprit.

ISABELLE.

      Vous vous moquez de moi.

VALERE.

Si vous ne comprenez....

ISABELLE.

   Quels difcours font les vôtres?

VALERE.

Vous les pourriez du moins faire compren-
    dre à d'autres.

ISABELLE.

Contre les voluptés j'ai toujours com-
    battu;
Et fi quelques defirs attaquent ma vertu,

C’eſt en dormant : jamais je n’en ſuis con-
ſentante.

VALERE.

Votre pollution eſt toujours innocente ;
Je vous entends.

ISABELLE.

      Mais vous, toujours luxurieux,
On vous voit nuit & jour hanter les mau-
   vais lieux.
Les femmes de ce temps épuiſent bien les
   bourſes.

VALERE.

Dans les miennes, ma ſœur, j’ai de grandes
   reſſources :
Sans m’épuiſer, j’en puis tirer ce que je
   veux.

ISABELLE.

Mon frere, en vérité, vous êtes bien heureux ;
Celles que vous payez ſont encor plus heu-
   reuſes.

VALERE.

Je ſais les rendre auſſi, ma ſœur, bien amou-
   reuſes.

B iv

ISABELLE.

Mais c'eſt de votre argent.

VALERE.

Ah! ne le croyez pas;
Elles trouvent en moi, ma ſœur, d'autres
appas.

ISABELLE.

Quoi, vous me ſoutiendrez que cette chair-
cuitiere
N'eſt pas intéreſſée?

VALERE.

Ah! ma ſœur, au contraire,
Elle a le cœur ſi bon, qu'en mille occaſions
Pour avoir une andouille, elle offre deux
jambons.

ISABELLE.

Je devine à peu près ce que vous voulez
dire,
Et la ſimilitude a de quoi faire rire.

VALERE.

Où donc eſt le plaiſant en ce que l'on vous
dit?

ISABELLE.

Vous enveloppez tout avecque tant d'eſprit....

Deux jambons, une andouille : allons, paf-
    fons, mon frere,
Cette explication n'eft pas fort néceffaire,
Et malgré ma pudeur.... mais voici Pail-
    lardet.

SCENE II.

VALERE, ISABELLE, PAILLARDET.

VALERE.

EH bien, as-tu rendu ce matin mon
    billet?

PAILLARDET.

Oui, Monfieur, cette nuit vous pourrez
    voir Julie,
Madame Pommelée en vos mains la confie.

VALERE.

As-tu vu la Fillon? Me fera-t-elle voir
La Brune en queftion?

PAILLARDET.

        Oui, vous l'aurez ce foir :
Et j'ai vu tout d'un temps Madame Motte-
    verte;

Elle a , m'a-t-elle dit , fait une décou-
    verte
D'un Tendron de quinze ans; ce fera pour
    midi.
Voilà, graces à mes foins, ce jour-ci bien
    rempli.

VALERE.

Songez donc à demain

ISABELLE.

          En vérité, mon frere,
Vous vous allez tuer : je vous le réitere.
Si j'en faifois autant, je ferois fur les dents.

VALERE.

Vous le croyez, ma fœur, allez, ce paffe-
    temps
Conferve la fanté. Regardez vos voifines,
Madame Gobe-dru, Madame Gripe-pines,
La Comteffe d'Affaut , la Marquife Co-
    gnard ;
Ce jeu que vous blâmez les rend graffes à
    lard.

ISABELLE.

Je ne le blâme point, mais je fuis affez fage
Pour ne le point goûter que dans le ma-
    riage.

V A L E R E.

Eh bien, mariez-vous, j'en demeure d'ac-
    cord,
De vous en empêcher j'aurois certes grand
    tort.
Quel Mari prendrez-vous ? Eſt-ce le Capi-
    taine ?

I S A B E L L E.

Nous nous ſommes brouillés depuis une
    ſemaine.

V A L E R E.

Pourquoi donc ?

I S A B E L L E.

       Il m'a fait le plus infame tour
Qu'on puiſſe jamais faire. Il paſſoit l'autre
    jour,
Avec ſa Compagnie, au bas de ma fenêtre ;
C'étoit le jour de l'an : Dès qu'il me vit
    paroître,
Il préſente ſa pique, il en fait mille tours,
Me ſaluant au ſon des fifres & tambours.
De cette honnêteté j'étois aſſez contente ;
Mais à peine fut-il à la porte d'Orante
Qu'il aime depuis peu, qu'avec un grand
    fracas

Il fait en même-temps tirer tous ses soldats.
Ah! j'en suis enragée.

VALERE.

Hé quoi! cela vous pique?

ISABELLE.

Comment donc! devant moi venir branler
     la pique,
Pour aller décharger ailleurs?

VALERE.

Le trait est noir.

ISABELLE.

Non, mon frere, jamais je ne veux le re-
     voir:
Ce sont de ces affronts que jamais on n'ef-
     face,

VALERE.

Ainsi donc vous prendrez l'Avocat en sa
     place;
Mais c'est un ignorant:

ISABELLE.

Pas tant que l'on le croit.
Il s'offre nuit & jour à me montrer le Droit;
Il débute par là.

VALERE.

Pourvu qu'il continue,

Vous ferez avec lui paſſablement pourvue.
Vous concevrez bientôt.

ISABELLE.

Oui, j'ai l'eſprit ouvert,
Et de ce que j'y mets jamais rien ne ſe perd.

VALERE.

Allez donc au plutôt, finiſſez cette affaire.
Adieu, ma chere ſœur.

ISABELLE.

Juſqu'au revoir, mon frere.

SCENE III.

VALERE, PAILLARDET.

VALERE.

ENfin, nous ſommes ſeuls ; il faut te découvrir
Un deſſein que j'ai fait pour me bien réjouir.
J'aime, depuis huit jours, une jeune innocente
Que tu ne connois point : Elle eſt toute
charmante ;

Mais je n'en puis venir à bout sans l'époufer:
Il faut, cher Paillardet, m'aider à l'abufer.
J'ai dit que fon Tuteur étoit homme intrai-
　　table,
Qu'il ne fouffriroit pas une union fem-
　　blable;
Mais que pour le tromper j'avois un Au-
　　mônier,
Qui, tous deux en fecret, pourroit nous
　　marier.
Elle en eft confentante; il faut, je t'en
　　conjure,
Que de cet Aumônier tu prennes la figure,
Et tu nous marieras.

PAILLARDET.

　　　　　　Oui dà, je le veux bien:
Le tour fera bouffon.

VALERE.

　　　　　　Pour qu'il n'y manque rien,
Il faudra deux témoins, à ce que j'imagine.

PAILLARDET.

Eh bien, prenons Courtaut avecque la Ba-
　　bine,
Ils font de nos amis; & leur plus grand
　　defir

Eſt dans l'occaſion de nous faire plaiſir.

VALERE.

Mais il nous faut quelqu'un pour faire le
Notaire.

PAILLARDET.

Oh! quant à celui-là, Monſieur, j'ai votre
affaire.

Pouſſe, mon camarade : il fut Clerc ci-
devant;

Pour dreſſer un contrat il eſt aſſez ſavant.

Mais quand vous ſerez las de tout ce badi-
nage.....

VALERE.

Tu prendras cette fille après en mariage.

PAILLARDET.

Moi, Monſieur!

VALERE.

Pourquoi non? va, tu ſeras content.

PAILLARDET

Mais, dites-moi, Monſieur, a-t-elle du
comptant?

VALERE.

Je crois ſon fonds petit.

PAILLARDET.

Moi, j'ai fort peu d'avance.

Je ne veux pas, Monsieur, vivre dans l'in-
digence.
VALERE.
Elle a cinq cents écus.
PAILLARDET.
Je n'en ai gueres plus:
Voyez, quand nous aurions ensemble mille
écus,
Que Diable ferions-nous?
VALERE.
Ne te mets point en peine,
Laisse-moi seulement prendre mon droit
d'aubaine,
Tu seras satisfait. Va donc chez un frippier
Louer tout au plutôt un habit d'Aumônier.
Moi je prends le moment que ma sœur est
absente,
Pour aller là dedans fonder notre servante.
Elle est farouche un peu ; mais je crois
après tout,
Qu'avec quelques efforts, j'en viendrai bien
à bout:
Sinon j'irai chercher quelque Dondon jolie
Pour pelotter toujours en attendant partie.

SCENE

SCENE IV.

PAILLARDET *seul.*

IL ira pelotter! je devine bien où.
Ah! qu'il sait bien la paume! il tire droit
    au trou;
Quelquefois au dernier il sait prendre la
    bisque,
Saisit la balle au bond, sans courir aucun
    risque.
Il force rudement, il a de si grands coups,
Que qui joue avec lui toujours a le dessous.
Mais que vois-je! Quelle est cette Beauté
    charmante?
Je ne la connois point, seroit-ce l'innocente?

SCENE V.

AGNÈS, BIBI, PAILLARDET.

AGNÈS.

MOnsieur Valere.

PAILLARDET.

Il fort dans ce même moment.
Je ne me trompe point, c'eft elle affurément.

AGNES.

Reviendra-t-il bientôt?

PAILLARDET.

Il ne tardera guere.
Avez-vous avec lui quelqu'importante affaire?

AGNES.

Oui, Monfieur; mais pourquoi me regar-
dez-vous tant?

PAILLARDET.

Je croyois vous connoître.

AGNES.

Il fe pourroit : pourtant
Cela me furprendroit; je fuis fi peu connue,

PAILLARDET.

L'ingénue!

AGNES.

J'étois venue ici pour me faire époufer.

PAILLARDET.

Eh bien pour cet effet daignez vous repofer.
Je vais chercher Valere.

SCENE VI.

AGNÈS, BIBI.

AGNÈS.

AH! ma chere coufine.

BIBI.

Eh! comment donc ? toujours je te verrai
    chagrine ?
Pourquoi tant de foupirs ?

AGNES.

      Mon mal n'eft point petit ;
Si tu favois quel fonge a troublé mon efprit,
Tu ferois effrayée autant que moi, je gage.

BIBI.

A raconter fes maux fouvent on les foulage.

AGNES.

Mon fonge eft bien étrange, & je ne penfe
    pas
M'être jamais trouvée en un tel embarras.
Je l'ai vu cette nuit, cet amoureux Valere,
Un poignard à la main, & tout prêt à me faire
Quelque fanglant outrage : il n'étoit point
    vêtu

De ſes habits dorés ; il m'a paru tout nud.

J'ai pâli, j'ai rougi de honte, à cette vue ;

Je me ſuis écriée, hélas ! je ſuis... perdue.

Mais lui, ſans s'étonner, il faut paſſer le pas,

M'a-t-il dit. Ah ! Valere, aimez-vous les
    combats,

Ai-je dit ? c'eſt ailleurs que vous devez com-
    battre,

Car tout du premier coup vous me pourriez
    abattre.

Enfin, pouſſant ſa pointe & ſuivant ſon tranſ-
    port,

Il m'a priſe à la gorge, & du premier effort

Il m'a miſe par terre, & m'ayant renverſée

Du poignard qu'il avoit m'a coup ſur coup
    percée.

Tout ce que je ſentois m'empêchoit de par-
    ler ;

A peine mes ſoupirs ſe pouvoient exhaler :

Pourtant à mon ſecours j'ai reclamé mon
    pere ;

Hélas ! dans ce moment il poignardoit ma
    mere,

Il ne m'écoutoit pas. Pourſuis donc, inhu-
    main,

Puifqu'on te laiſſe faire, acheve ton deſſein,
Ai-je dit au cruel, égorge la victime.
Enfin, juſques au bout ayant pouſſé ſon
       crime,
Sans vie il m'a laiſſée après ce long combat,
Et je me ſuis trouvée en un piteux état.
Je me ſuis éveillée, accuſant la nature
De m'avoir abuſée avec cette impoſture :
Je ne ſais ni comment, ni quand s'eſt fait cela,
Mais je ſais que j'étois en eau ſortant de là.
Voilà quel eſt mon ſonge, explique-le,
       couſine.

B I B I.

Hé, mais... pour le poignard aiſément je
       devine,
C'eſt victoire, dit-on ; l'homme nud, c'eſt
       deſir ;
Et la fille percée, on dit que c'eſt plaiſir.
Voilà ce que j'en ſais.

A G N E S.

           Eh ! dis-moi, je t'en prie,
As-tu fait quelque ſonge auſſi pendant ta vie ?

B I B I.

Si ma mémoire peut me les rendre préſents,
Je vais t'en conter un des plus extravagants.

Il n'eſt choſe d'abord dans toute la nature,
Dont tour à tour je n'aye en dormant la
   figure.
Je me vois chaque nuit dans un Pays nou-
   veau ;
Je me trouve ſerpent, arbre, poiſſon, oiſeau.
Si je me vois jument, un maquignon me
   domte,
Un palfrenier me ſangle, un cavalier me
   monte.
Je deviens quelquefois matelas & coutil,
Pierre où le Remouleur affile ſon outil.
Aiguille, l'on m'enfile, & ſon, l'on me reſ-
   ſaſſe.
Noix muſcade, on me racle, & poivre, on
   me concaſſe.
Air à boire, air de Cour, air de Pont-neuf,
   flon, flon,
Je m'accorde toujours au ſon du violon.
Gaillarde, Traquenard, branle, loure, cha-
   conne ;
Celui-ci me ſolfie, & cet autre m'entonne.
Enfin, air d'Italie, ou ſonate, ou motet ;
M'ayant bien frédonnée, on tourne le
   feuillet.

AGNES.

Tu souffres donc beaucoup! je te plains,
   ma cousine.

BIBI.

Oui, je souffre au-dessus de ce qu'on s'i-
   magine.

AGNES.

Mais que dis-tu, cousine, aux Auteurs de
   tes maux?

Ne les traites-tu pas d'inhumains, de bour-
   reaux?

Comment les nommes-tu souffrant un tel
   martyre?

BIBI.

Ah! mille fois j'en souffre & souffre sans
   rien dire.

Mais quelqu'un vient ici, cousine, taisons-
   nous.

AGNES.

C'est Valere lui-même.

SCENE VII.

VALERE, AGNÈS, BIBI, PAILLAR-
DET, *déguisé en Aumônier*, POUSSE,
déguisé en Notaire, COURTAUT, LA
BABINE, *témoins*.

VALERE.

Ah! ma Belle, c'eſt vous:
Je conduis avec moi l'Aumônier, le No-
      taire,
Et les témoins qu'il faut pour finir notre
      affaire.

POUSSE *en Notaire*.

De vos conventions ſuffiſamment inſtruit,
J'ai rédigé le tout dans la forme qui ſuit:
Voici votre contrat que j'ai fait en deux
      lignes.
Fut préſent devant nous Meſſire Jean de
      Vignes,
Chevalier de Valere & Seigneur des Con-
      neaux,
Des Blondins, des Griſons, Rouſſillons,
      Mauricaux,

& cætera, Baron, Seigneur de la Magnotte,

Comte de S. Vitaux, au pays de la Motte,

Marquis de Braquemart, Grand-Prieur des
 Nonnains,

Grand-Vidame d'Anconne & lieux circon-
 voisins;

Et Damoiselle Agnès Gribiche Coxiboin-
 dre:

Lesquels charnellement desirant se conjoin-
 dre,

Par le présent contrat renonçant, approu-
 vant,

Sont demeurés d'accord des articles suivants.

Primò, ladite Agnès apporte en mariage

Un champ clos, dont la terre est propre au
 labourage;

Un pré prêt à faucher, & deux petits mou-
 lins,

L'un à eau, l'autre à vent, & tous deux fort
 voisins,

Séparés par un pont de structure bizarre,

Où, quoiqu'étroit, souvent le voyageur s'é-
 gare;

Un bâtiment moderne & percé comme il
 faut,

Bien conditionné du bas jusques en haut:
Pour meubles un chambranle, & des plus
      beaux qu'on faſſe;
Item, le tour de lit avec la bonne-grace,
Travaillés à l'aiguille, entourés d'un mollet:
Item, pluſieurs habits, deux tout neufs, un
      qu'on fait;
Le tout entretenu dans l'état qu'il doit être,
Et que ledit Valere a déclaré connoître,
Pour avoir pluſieurs fois viſité le terrain,
Et touché le ſuſdit contenu de ſa main,
Reconnoiſſant qu'il eſt tel que l'on lui dé-
      taille,
Voulant qu'avec vigueur le préſent contrat
      vaille,
Aſſiſté du bon droit, ainſi que de raiſon.
Paſſé par devant Pouſſe & Dru ſon com-
      pagnon.
Il s'agit de ſigner maintenant.

     V A L E R E *ſigne.*

              Je commence.
Allons, Agnès, à vous.

    A G N E S *prenant la plume.*

           Je tremble par avance;
Où mettrai-je mon nom?

POUSSE *en Notaire.*

Cela dépend de vous,
Mais la femme toujours fe doit mettre def-
fous,
Et les témoins au bas... Courtaut & la
Babine,
Serrez-vous, s'il vous plaît ; place pour la
coufine.
Voilà le contrat fait ; la célébration
Doit fuivre, & tout d'un temps la confom-
mation.
Ça, Monfieur l'Aumônier, conjoignez les
parties.

PAILLARDET *en Aumônier.*

Je ne chercherai point tant de cérémo-
nies,
Ce font formalités que l'on obferve après.
Valere, voulez-vous pour votre époufe
Agnès ?

VALERE.

Oui, Monfieur.

PAILLARDET *en Aumônier.*

Vous, Agnès, pour votre époux Valere ?

AGNES.

Oui, Monfieur.

PAILLARDET *en Aumônier*.

C'eſt aſſez, voilà tout le myſtere:
Touchez - vous dans la main, mettez au
    doigt l'anneau,
Allez coucher enſemble, *ego vos conjungo.*

AGNES.

Juſqu'au revoir, couſine.

BIBI.

Adieu, ma chere amie,
Porte-toi bien, le Ciel te donne longue vie.

VALERE.

Je vois ma ſœur, paſſons dans ce grand ca-
    binet;
Elle eſt un peu fâchée, & j'en ſais le ſujet;
Mais je l'appaiſerai.

SCENE. VIII.

ISABELLE, BARBE.

ISABELLE *en colere.*

ALlons, Barbe, ſortez, retournez au
    village;
Comment ſur mon ſopha de velours cramoiſi,

Tantôt avec mon frere!
B A R B E.

Hélas! il l'a choifi;
Car je m'étois d'abord mife fur une chaife.
Barbe, ce m'a-t-il dit, bouttons-nous à no-
    tre aife.
Ah! Monfieur, ç'ai-je dit, non, je n'en fe-
    rai rien;
Ici je fuis fort bien : n'eft-on pas toujours bien
Par tout où qu'on fe trouve ? Après bien
    des prieres,
Et m'avoir prife enfin de toutes les manieres,
Et Barbe par ici, & puis Barbe par là,
Il m'a tout droit pouffée au milieu du fopha;
Il a fallu s'y bouttre.
I S A B E L L E.

Ah! que de verbiage ?
Je vous donne congé fans tarder davantage.
Que tout dans cet inftant d'ici foit délogé.
B A R B E.

Après tant de fervice! ah! bon Dieu, quel
    congé!

SCENE IX.

ISABELLE, BRANLARD.

BRANLARD.

Qu'eſt-ce donc que ceci ? Qu'avez-vous, mon aimable ?

ISABELLE.

Je ne veux plus de Barbe, elle eſt inſuppor-
table.

BRANLARD.

Plus de Barbe! comment pouvoir vous en
paſſer ?

ISABELLE.

Elle m'échauffe plus qu'on ne ſauroit penſer.
Il faut toujours qu'on crie ou qu'on ſue
avec elle.

BRANLARD.

Quoi ! l'auriez-vous ſurpriſe à n'être pas
fidelle !

ISABELLE.

Puiſqu'il faut m'expliquer ; mon frere eſt
ſon amant,

Et je les ai surpris enfemble en ce moment.
BRANLARD.
Quoi! c'eft là le fujet qui vous met en colere?

C'eft une bagatelle, allez, laiffez-la faire.
ISABELLE.
Mon frere a peu d'honneur.
BRANLARD.
Eh bien, c'eft pour cela
Qu'il en cherche par-tout.
ISABELLE.
Fort bien, il eft bon là.
BRANLARD.
Allons, pour cette fois il faut lui faire grace.
ISABELLE.
Mais vous qui me parlez, mettez-vous en
ma place;
Que diriez-vous, trouvant une fille chez
vous,
Sur un Sopha pâmée, un homme à fes ge-
noux,
Promenant fes regards deffus fa gorge nue?
BRANLARD.
Entre nous je dirois que la fille eft... per-
due.

ISABELLE.

Oui, mais que feriez-vous en les voyant
tous deux?

BRANLARD.

Ma foi, je banderois tout aussi-tôt mes yeux.

ISABELLE.

Mais vous déchargeriez du moins votre colere
Sur la fille....

BRANLARD.

Ah! c'est là ce que je voudrois faire:
Deux ou trois coups de verge, afin de lui
montrer...

ISABELLE.

C'est bien dit, sur ce pied elle pourra ren-
trer;
Mais parlons d'autre chose : à quand notre
hymenée?

BRANLARD.

Ah! Madame, il en faut reculer la journée;
Je suis un malheureux qui ne mérite pas
De posséder si-tôt de si charmants appas,
Et suis dans un état...

ISABELLE.

Achevez, je vous prie;
Au

Auriez-vous attrapé quelque galanterie?

B R A N L A R D.

Hélas! vous l'avez dit; j'en suis au défes-
    poir.

Me croyant pour jamais privé de vous re-
    voir,

Un Capitaine ayant le bonheur de vous
    plaire,

J'ai voulu me guérir d'un amour téméraire;

Ah! quelle guérifon! Je m'en fens en ce
    jour,

Tourmenté par un mal plus cuifant que
    l'amour.

I S A B E L L E.

Eh! qui vous a guéri de cette étrange forte?

B R A N L A R D.

Une jeune beauté, que le grand Diable
    emporte,

Et que la pefte creve : hélas! la careffant,

Innocence, pudeur, efprit doux, complai-
    fant,

Je trouvois tout en elle. Ah! la double
    traîtreffe!

J'ai payé cherement les fruits de fa ten-
    dreffe.

D

Quand elle me difoit , fouvenez-vous de
 moi ,
Elle avoit bien raifon : il m'en fouvient,
 ma foi.

ISABELLE.

Allez, mon cher Branlard, c'eft une bagatelle,
Il n'en faut plus qu'autant.

BRANLARD.

     Que vous êtes cruelle,
De me railler encore !

ISABELLE.

     J'ai grand tort en effet.

BRANLARD.

Prenez-vous-en à vous de tout ce que j'ai
 fait.

ISABELLE.

Ce n'eft pas tout, je veux en régaler mon
 frere ;
Il vient fort à propos.

BRANLARD.

   Comment ? qu'allez-vous faire ?

ISABELLE.

Vous ne fauriez avoir trop de confufion,
Et de votre pardon c'eft la condition.

SCENE X.

VALERE, ISABELLE, BRANLARD.

VALERE.

AH! ma sœur, prenez part à ma bonne
  fortune;
Vous allez avouer qu'elle n'est pas com-
  mune,
Vous l'allez voir. Ah! ah! c'est vous, Mr.
  Branlard,
Je veux de cette vue aussi vous faire part.

ISABELLE.

Ma foi, Monsieur Branlard n'a pas sujet de
  rire,
Il pleure bien plutôt.

VALERE.

    Que me voulez-vous dire?

ISABELLE.

Il a d'une beauté reçu certain présent,
En un mot, il en tient.

VALERE.

    Le tour est fort plaisant.

Eh! voilà ce que c'eft de courir les Don-
    zelles;
Faites tout comme moi, dénichez des pu-
    celles.
Il s'y trouve, il eft vrai, de la difficulté;
La vertu les défend avecque fermeté.
Avant qu'elle s'écarte, & que le vice gliffe,
Les combats font fanglants avec une no-
    vice;
Mais on a de l'honneur, je viens de l'é-
    prouver
Avec celle qu'ici vous voyez arriver.

SCENE XI.

VALERE, ISABELLE, AGNES, BRANLARD.

BRANLARD.

QUe vois-je! quoi c'eft là la conquête
    nouvelle!
Oh parbleu! pour le coup vous en avez
    dans l'aile;
C'eft elle juftement qui m'a fi mal traité.

VALERE.

Que me dites-vous là ?

BRANLARD.

Je dis la vérité.

Agnès, connoiffez-vous ce Monfieur ?

AGNES *à part.*

Ah ! je tremble.

VALERE.

Parlez, avez-vous eu quelque commerce
ensemble ?

AGNES.

Je ne fais pas.

VALERE.

Il faut ici s'expliquer net :
Connoiffez-vous Monfieur ?

AGNES.

Hé.... non pas tout-à-fait.
Monfieur, ne dites pas au moins, je vous
en prie,
Tout ce qui s'eft paffé.

BRANLARD. *en colere.*

La priere eft jolie.
Cela feroit fort bon, s'il ne m'en cuifoit
pas ;
Mais l'état où je fuis....

AGNES.

Eh! parlez donc plus bas.

BRANLARD.

Que je parle plus bas! parbleu, je vous ad-
　　mire;

Il n'eſt pas néceſſaire, & je viens de tout
　　dire.

AGNES.

Les hommes d'à préſent ſont de grands in-
　　diſcrets.

VALERE.

Il n'eſt donc que trop vrai : qui l'eût penſé
　　jamais?

AGNES *à Valere.*

Monſieur, excuſez-moi, ce fut par inno-
　　cence.

VALERE.

Sortez d'ici, perfide, ou craignez ma ven-
　　geance.

SCENE XII.

VALERE, ISABELLE, BRANLARD.

ISABELLE.

MOn frere, en vérité, vous méritez
   cela;
Mais je plains cependant l'état où vous
   voilà.

VALERE *en fureur.*

Enfin je suis donc pris! qui l'eût pu jamais
   croire!
Je viens de remporter une belle victoire!
Je peux bien m'en vanter. O triste souvenir!
Quel transport me saisit? je perce l'avenir;
Je vois déja, je vois cette Déesse immonde
Que l'Enfer enfanta pour tourmenter le
   monde.
La pâleur l'accompagne; & ses avant-coureurs
Viennent me préparer à toutes ses fureurs.
Déja je vois couler le poison qu'elle apprête;
Les yeux de ses serpents m'environnent la
   tête;

Ses deux jeunes courfiers s'allument contre
    moi,
Bouffis, gonflés de rage, ils me glacent
    d'effroi.
En ce cruel état, ô Ciel! que dois-je faire!
Ah! barbare, autrefois tu fis mourir mon
    pere,
Mais je te tiens.

ISABELLE.

    O Dieux! quel étrange tranfport!
Ah! pour le fecourir employons notre ef-
    fort.

VALERE.

O fils de Jupiter! redoutable Mercure!
J'implore ton fecours dans ma trifte aven-
    ture.
Mille & mille en ce cas, affligés comme moi;
Dans leur malheureux fort n'ont eu recours
    qu'à toi;
En ce puiffant danger je reclame ton aide.
Mais avant d'en venir à ce cruel remede,
Vengeons-nous, cher Branlard, au milieu
    de nos maux;
Allons-nous fignaler par des exploits nou-
    veaux.

Ne perdons point de temps , courons de
    belle en belle,
Promenons ce préfent d'une beauté cruelle.
Nous pouvons déformais , fans courir de
    hazard,
De ce préfent fatal en tous lieux faire part.
Puifqu'un fexe perfide aujourd'hui nous le
    donne,
Il ne faut pas du moins rien avoir à per-
    fonne,
Rendons-le avec ufure. Il faut que dans ce
    jour,
Puifqu'il vient de la flûte, il retourne au
    tambour.

B R A N L A R D.

Oui, c'eft bien dit, allons, que rien ne nous
    arrête,
Reprenons le courage & du poil de la bête.
                     Ils s'en vont.

ISABELLE *au Parterre.*

Meffieurs, le Ciel vous offre un bel exem-
    ple aux yeux ;
Après cela malheur à tout Luxurieux.

L'ORIGINE
DES
OISEAUX,
OU LES
AMOURS
DU
SOLEIL ET DE VENUS. *

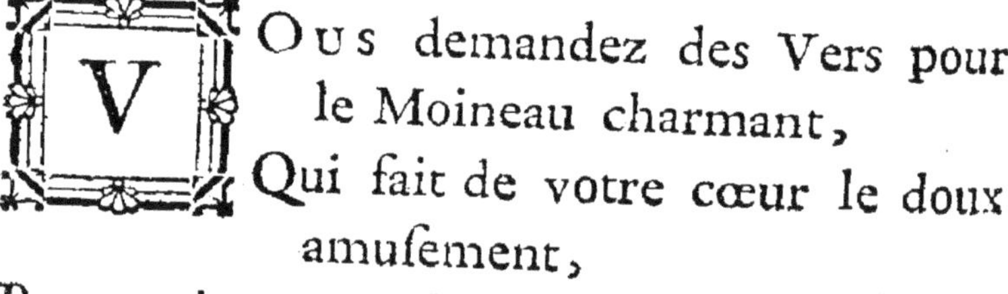

VOUS demandez des Vers pour
le Moineau charmant,
Qui fait de votre cœur le doux
amusement,
Pour qui vous dissipez le fond d'une tendresse,

* Ce petit Poëme a paru fort en désordre dans
l'Edition des Contes & Nouvelles de Vergier,
publiée à Paris (Amsterdam) en 1727.

Où, malgré vos rigueurs, mon amour s'in-
    téreſſe :
C'eſt exiger, Philis, un étrange régal,
De vouloir que je rime en faveur d'un rival.
Loin de louer en lui ce qui fait vos délices,
Son attache pour vous, ſa fierté, ſes malices,
Je devrois travailler à le faire haïr ;
Mais quand vous commandez, je ne ſais
    qu'obéir.
Je vais donc vous conter quelle heureuſe
    aventure
A des premiers Oiſeaux enrichi la nature,
Et pour juſtifier votre tendre penchant
En faveur du Moineau qui n'a plume ni
    chant,
Faire venir du Ciel ſes titres de nobleſſe,
Et ſur tous les Oiſeaux lui donner droit
    d'aineſſe.
Il en faudra tirer les titres glorieux
Des mémoires ſecrets, des intrigues des
    Dieux,
Et peindre des baiſers, dont les muſes diſ-
    cretes
N'ont point fait juſqu'ici confidence aux
    Poëtes,

Ne vous étonnez pas qu'un myftere oublié
Ait attendu nos ans pour être publié:
C'eft ainfi que notre âge, heureux en dé-
　　couvertes,
Des fiecles négligents a réparé les pertes.
On fait bien que Vénus, faite pour tout
　　charmer,
S'eft crue également faite pour tout aimer.
Ses exploits amoureux font une longue hif-
　　toire ;
Mais on nous a caché fa plus belle victoire,
Et l'on ignore encor quel captif trop heu-
　　reux
A cette conquérante offrit les premiers
　　vœux ;
Quel Dieu mit le premier la tendreffe en
　　ufage.
C'eft le hardi deffein de ce petit ouvrage.
Vénus, fille de l'Onde, encore fur les flots
Effayoit fes attraits nouvellement éclos,
Et tiroit vers les bords de l'Ifle fortunée,
Qu'à fon féjour fur terre elle avoit deftinée.
La nacre que la mer lui donne pour berceau,
Lui fert en même-temps de trône & de vaif-
　　feau ;

L'officieux zéphyr y tient lieu de pilote,
Il pouffe vers le bord la coquille qui flotte,
Et d'un fouffle amoureux jouant de toutes
     parts,
Il fait des voiles d'or de fes cheveux épars.
Le Soleil qui voit tout, par qui tout voit
     au monde,
Découvrit le premier ces richeffes fur l'onde.
D'abord furpris de voir fur la face de l'eau
Un éclat étranger devancer fon flambeau,
Tel qu'il voit quelquefois dans le fond d'un
     nuage
Ses rayons orgueilleux revêtir fon image,
Et par un faux éclat impofant aux humains,
Rendre entre deux Soleils leurs regards in-
     certains;
Il crut que de fa flamme en un point re-
     cueillie,
Il s'étoit fur les eaux produit un parélie,
Ou que Thétis, cherchant à fe paffer des
     Cieux,
S'étoit fait un Soleil pour éclairer ces lieux.
Mais lorfque de plus près il voit cette mer-
     veille,
La flamme de fes yeux à la fienne pareille,

Qu'il voit de son visage & le tein & le tour,
Cet air qui ne respire & n'inspire qu'amour,
Cette double hauteur de sa gorge admirable,
Qu'à son double Parnasse il trouvoit préfé-
    rable;
Ses cheveux, qui dans l'air par le vent sus-
    pendus
Lui sembloient des rayons autour d'elle
    épandus;
Tous les charmes enfin d'une beauté parfaite
Qu'aucun voile ne cache à sa vue indiscrete,
Et que, tout Dieu qu'il est, Peintre, Poë-
    te, Amant,
Phébus qui les a vus peindroit mal-aisément;
Un nouveau feu se joint au feu qui l'envi-
    ronne:
C'est à vous, lui dit-il, adorable personne,
A donner la lumiere & régler les saisons;
Vos yeux percent plus loin que mes foibles
    rayons;
Vous pourriez au séjour du Maître du ton-
    nerre
Dispenser la clarté qui se répand sur terre.
Heureux pour qui le sort réserve tant d'ap-
    pas!

Il quitteroit fon char pour aller fur fes pas ;

Et lui, qui doit par-tout fa lumiere féconde,

Termineroit fa courfe en cet endroit du
monde.

Mais un pouvoir plus fort l'emporte fur
l'amour,

Et Miniftre auffi-bien que Souverain du
jour,

Il ne peut accourcir ni changer fa carriere.

Il part, fon char l'emporte, il regarde en
arriere,

Il foupire, & connoît en ce moment fâcheux

Que le rang le plus haut n'eft pas le plus
heureux,

Et que de fon emploi l'attachement extrême

Le donnant au public, le dérobe à lui-
même.

Vénus à cet objet fi propre à la charmer,

Ne fe laiffe pas moins, ni moins vîte enflammer.

Tel que fur un amas de la fatale poudre,

Dont l'homme induftrieux a fu forger un
foudre,

S'il tombe une étincelle, on voit en un
moment

Par toute la matiere aller l'embrafement,
Et répandre auffi - tôt le défordre & la
flamme ;
Tel & plus prompt le feu fe gliffe dans fon
ame.
Ses yeux, qui fur les fiens aiment à s'atta-
cher,
Y puifent des ardeurs qu'elle ne peut ca-
cher.
Quoique fon cœur, encore à fa premiere af-
faire,
Ignore ce qu'il fent, ce qu'il veut, ou doit
faire,
Elle fait ce qu'il faut pour toucher fon vain-
queur,
Mêle au feu de fes yeux une douce lan-
gueur ;
Feignant de fe cacher, lui dérobe la vue
Des attraits les plus vifs dont le Ciel l'a
pourvue,
Et lui fait concevoir, par un œil enflammé,
Qu'autant qu'il aime il peut s'affurer d'être
aimé.
A peine de la nuit la lenteur odieufe
Met le Soleil à bout de fa courfe ennuyeufe,

qu'il

Qu'il laiſſe à l'abandon ſes chevaux haraſſés,
Sa paſſion l'emporte à des ſoins plus preſſés,
Le tourne tout entier vers l'aimable incon-
    nue.
Réſolu de ſavoir ce qu'elle eſt devenue,
Il court pour s'aſſurer un bien ſi précieux,
Et jugeant le ſéjour réſervé pour les Dieux
Seul digne de loger une hôteſſe ſi belle,
Soit qu'elle ſoit Déeſſe, ou qu'elle ſoit
    mortelle,
(Mais il la croit Déeſſe à ſes divins appas)
C'eſt d'abord vers l'Olympe où s'adreſſent
    ſes pas.
Il ne fut point trompé dans ſa flatteuſe at-
    tente,
Cypris y vint montrer ſa beauté raviſſante;
Jupiter, à la terre enviant ſon ſéjour,
D'un ſi rare ornement voulut parer ſa Cour.
De honte à ſon aſpect les Déeſſes rougirent,
Par un plus doux motif les Dieux mêmes
    frémirent.
Leurs yeux accoutumés à tout l'éclat des
    Cieux,
Ne purent ſoutenir les éclairs de ſes yeux.
Le Soleil eſt le ſeul, dont la ferme paupiere

E

En puiſſe ſoutenir l'éclatante lumiere.

A ce danger charmant ſeul il s'oſe expoſer,
Et c'eſt le ſeul auſſi qu'elle veuille embraſſer.

Ce fut là que leurs yeux de plus près ſe
    parlerent,

Qu'ils connurent leurs coups & les renou-
    vellerent,

Que, ſous la caution des ſerments les plus
    forts,

Ils livrerent leurs cœurs aux plus ardents
    tranſports.

Phébus certain de plaire & plein de con-
    fiance,

Se prépare à l'hymen avec impatience,

Du Souverain des Dieux demande l'agré-
    ment:

Mais, ô fatal revers pour un fidele Amant!

Un ordre irrévocable à ſes deſſeins s'oppoſe.

De cet obſtacle, hélas! Jupiter n'eſt pas
    cauſe.

Dans cet arrêt par lui contre un fils pro-
    noncé,

Il n'eſt que du deſtin l'interprete forcé.

C'eſt le bizarre ſort, dont les loix trop
    cruelles

Commencent par Vénus à maltraiter les
    belles,
Aux plus rares beautés impofant fans pitié
L'infupportable joug d'une indigne moitié.
Junon, toujours jaloufe, avec le fort fe ligue,
Les Dieux exclus du choix fe joignent à la
    brigue,
Et le rival de tous que Phébus craint le
    moins,
Eft celui dont l'hymen autorife les foins.
C'eft par Vulcain, des Dieux la honte & la
    rifée,
Que l'ornement du Ciel, Vénus eft époufée.
Eh bien! Amants mortels, qui voyez quel-
    quefois
A d'indignes rivaux tranfporter tous vos
    droits,
Beautés, qu'un nœud forcé captive dans nos
    Temples,
Vous plaindrez-vous encore après ces grands
    exemples?
Prendrez-vous à partie & l'amour & les
    Dieux,
Quand même fort infulte aux habitants des
    Cieux?

E ij

Ces deux Divinités, ces deux beautés par-
    faites,

Qui s'aimoient, qui sembloient l'une pour
    l'autre faites,

Vénus a le dégoût d'un nœud mal assorti,

Et le plus beau des Dieux n'a pu trouver
    parti.

Que leur auroit servi leur vaine résistance?

Jupiter, qui des Cieux est la toute-puis-
    sance,

Qui du destin lui-même a dicté les arrêts,

Se soumet sans murmure à ses propres dé-
    crets.

Ils s'y soumettent donc ; mais pour leur
    hymenée

N'osant choquer de front la fiere destinée,

Ils tâchent de donner, en habiles Amants,

A ce triste devoir des adoucissements.

Si le sort sur l'hymen étend sa violence,

L'amour maintient les droits de son indé-
    pendance.

Ils savent que le cœur est exempt d'obéir,

Et se consulte seul pour aimer & haïr.

Au défaut des plaisirs que l'hymen leur re-
    tranche,

En tranſports innocents leur tendreſſe s'é-
      panche;
Leur feu, d'autant plus vif qu'il le faut étouf-
      fer,
Par d'innocents baiſers ſe plaît à triompher.
Ils les jugent permis, quoiqu'en diſe au
      contraire
Le jaloux Forgeron que ce jeu déſeſpere,
Qui les croit plus heureux en des plaiſirs
      bornés,
Qu'en dépit du devoir l'Amour a façonnés,
Qu'il ne ſe croit lui-même en des biens ſans
      meſure,
Que le devoir arrache, & dont l'Amour
      murmure.
Mais, d'un tendre commerce effet miracu-
      leux,
Par autant de baiſers dont ce couple amou-
      reux
S'efforce de flatter leurs flammes déſolées,
Autant, par l'union de leurs bouches col-
      lées,
Il ſe forme d'Oiſeaux, qui perçant dans les
      airs,
Font retenir les lieux de différents concerts,

Et femblent en naiffant , pleins de recon-
  noiffance,
Célébrer les baifers qui leur donnent naif-
  fance.
Le cœur de ces Amants, gros de mille defirs,
Met la fécondité jufques dans leurs foupirs.
Cette vapeur de feu fe bâtit des organes,
Les revêt à l'entour de fubtiles membranes,
Les condenfe en matiere, & leur faifant un
  corps,
D'une plume légere en garnit les dehors;
D'où prenant fon effor, par un canal flexible,
A ces fons , dont pour nous l'étude eft fi
  pénible,
Elle produit un chant fans regle mefuré,
Et par les plus beaux fons fans maître figuré.
Même afin que l'efpece en foit perpétuelle,
Un feul baifer produit le mâle & la femelle;
Et pour comble de biens, ces fortunés Oi-
  feaux
Viennent appareillés auffi-bien que jumeaux.
La fœur trouve en naiffant un époux dans
  fon frere;
Il voltige autour d'elle, elle cherche à lui
  plaire :

L'amour, dont l'un & l'autre ignore les
    leçons,
Prélude cependant par de tendres chanfons,
Et dans ces doux accords la feule fympathie
Enfeigne à chacun d'eux à tenir fa partie.
Que fait-on fi parmi tant d'Oifeaux différents,
Cet Oifeau redoutable à fes propres parents,
Si l'Amour, cet Oifeau qui ne vit que de
    proye,
Et qui des cœurs humains fe repaît avec joye,
De ces baifers féconds ne feroit pas venu!
Certes, fon origine eft un fait inconnu:
L'Antiquité, d'accord fur le nom de la mere,
A cet enfant trouvé ne donne point de pere;
Et j'ofe me flatter que ce divin Oifeau
Auroit peine à trouver un plus digne ber-
    ceau.
Que fi l'amour, jaloux de cacher fa naiffance,
Veut que l'on ne connoiffe en lui que la
    puiffance,
Laiffons-le s'applaudir du foin myftérieux
De couvrir fa naiffance auffi-bien que fes
    yeux.
Mais qu'il foit d'un autre air ou d'une autre
    nature,

L'aineſſe des Moineaux n'en ſera que plus
　　ſûre;
Puiſqu'ils ſont les premiers, ſi ce Dieu n'en
　　eſt pas,
Qui trouverent la vie en ce jeu plein d'appas.
Auſſi, loin de chanter, cette amoureuſe paire
Imita ſur le champ ce qu'elle voyoit faire,
Et de leur petit cœur le petit battement
Fut un ſigne d'amour & non de ſentiment.
Ce ne ſont que baiſers, que careſſes preſ-
　　ſantes:
Par le trémouſſement de leurs ailes trem-
　　blantes,
Par mille petits cris à leurs tranſports mêlés,
Ils témoignent l'ardeur dont leurs cœurs
　　ſont brûlés.
Quand des autres Oiſeaux l'eſpece trop
　　ſauvage
S'enfuit de toutes parts comme ſortant de
　　cage,
Et craint juſques aux Dieux dont elle tient
　　le jour,
Ce couple familier à leurs pieds fait l'amour.
Tranquille, apprivoiſé, proche d'eux il s'ar-
　　rête,

Et prend sa part lui-même à cette tendre fête.
Sur-tout de la Déesse ils connoissent la voix,
Voltigent sur son sein, badinent sur ses
    doigts,
Osent porter leur bec jusqu'à sa belle bou-
    che,
Et faire les mutins lorsque Phébus y touche ;
Comme on voit aujourd'hui votre Moineau
    jaloux,
Pratiquer envers ceux qui s'approchent de
    vous.
Cet air fier & badin, qui charme pere &
    mere,
En leur postérité devient héréditaire ;
Et l'amour, en faveur des Dieux dont ils
    sont nés,
Leur fait sur la tendresse un partage d'ainés.
Tendres & premiers fruits d'un amour sans
    mesure,
Ils semblent composés de flamme toute pure,
Et n'ont qu'autant de corps qu'il en faut
    pour nourrir
Ce feu qui les anime & qui les fait mourir.
Il est vrai qu'ils n'ont pas la beauté du ra-
    mage :

Comme entre les Oiseaux l'agrément se par-
tage,
Ainsi que parmi nous, il se trouve qu'entre
eux,
Les plus passionnés ne chantent pas le mieux.
Peut-être n'est-ce pas un méchant caractere,
D'être fort caressant & de n'en dire guere.
Les Pigeons, qui, comme eux, sont de si
grands baiseurs,
Ne sont pas, non plus qu'eux, d'agréables
causeurs.
Leur mere cependant, qui s'attache au so-
lide,
En faveur des Pigeons & des Moineaux dé-
cide;
Et laissant sans emploi ces Oiseaux précieux,
Que la plume & le chant rendent si glorieux,
A ces Amants sans bruit sa prudence partage
Le soin de composer son galant attelage.
Ils sont encor les seuls que dessus les autels
Elle daigne en offrande accepter des mor-
tels.
Mais des tendres Moineaux l'espece favo-
rite
D'un service plus grand a tout seul le mérite.

Par son attachement à lui faire la cour,
Ils sont les confidents de ses desseins d'a-
    mour.
Lorsque d'un nouveau feu la Déesse pressée
A son heureux Amant veut ouvrir sa pensée,
Au lieu d'en confier le secret aux zéphyrs,
Elle donne aux Moineaux à porter ses sou-
    pirs.
Ils viennent sur les bords de sa bouche amou-
    reuse
Prendre en leur petit bec la vapeur pré-
    cieuse;
Puis franchissant les airs, ils la vont exhaler
Vers l'objet que Vénus en daigne régaler.
Qu'on trouve, si l'on veut, de l'Aigle re-
    doutable
Aux pieds de Jupiter le rang plus hono-
    rable,
Peut-être le Moineau, dans un plus doux
    emploi,
N'aura-t-il rien qu'il doive envier à son Roi.
Si le Ministre affreux des horreurs du ton-
    nerre
Porte en son bec dequoi faire trembler la
    terre,

Le Moineau, gardien d'un feu délicieux,
Porte dequoi charmer les hommes & les
    Dieux.
Voilà d'où les Moineaux ont tiré leur naif-
    fance.
Belles, qui n'êtes pas de facile croyance,
Et qui fur cette hiftoire allez fubtilifer,
Que vous connoiffez peu la force d'un bai-
    fer;
Jufqu'où de deux Amants l'haleine con-
    fondue
Eleve en fes tranfports la nature éperdue,
Lorfqu'amoureufement leur bouche fe pref-
    fant,
Leur ame fur le bord des levres s'avançant,
S'élance hors de ce corps qui la tient en-
    fermée,
Pour paffer dans celui de la perfonne ai-
    mée!
Vains efforts, de vouloir vous peindre les
    appas
D'un myftere de cœur que vous n'entendez
    pas!
L'amour, qui feul en peut faire fentir l'a-
    morce,

Vous en peut feul auffi faire fentir la force.

Mais quand des immottels le pouvoir révéré

Ne rendroit pas croyable un fait mieux
avéré,

Vous devez bien vous rendre aux preuves
d'un miracle

Dont l'amour renouvelle à vos yeux le
fpectacle.

Remarquez au Printemps les Oifeaux amoureux ;

Par de fréquents baifers ils déclarent leurs
feux.

L'homme n'entend pas feul ce délicat manege ;

L'efpece volatile a même privilege.

D'où vient qu'à ce commerce il trouve des
appas ,

Que d'autres animaux n'y reconnoiffent pas ?

C'eft qu'à s'apparier leur inftinct les convie,

Par les mêmes baifers dont ils tiennent la
vie.

De là viennent ces œufs, qui fous de frêles
murs

Cachent les éléments des oifillons futurs.

Stériles éléments, inutile affemblage,

Si la mere en couvant n'achevoit fon ou-
    vrage !
Son feu vivifiant, par degrés répandu
Sur ce petit cahos où tout eft confondu,
Débrouille la matiere, arrange les parties,
Et fait un compofé des pieces afforties,
Forme un petit Oifeau, qui s'aidant à fon
    tour,
Brife enfin la prifon qui lui cachoit le jour;
Et fait voir, en naiffant d'une chaleur fé-
    conde,
Qu'une fimple vapeur a pu le mettre au
    monde.
Mais peut-on en douter, quand le Nil in-
    difcret
A la nature même a volé fon fecret;
Quand le Caire en hazarde une preuve pu-
    blique ?
En renfermant des œufs dans un fourneau
    de brique,
Il fait, à la faveur d'un feu bien gouverné,
Faire éclorre fans mere un poulet étonné.
Comme un enfant, doux fruit d'un amour
    mutuelle,
Souvent de fes parents eft l'image fidelle,

En partage les traits, & le pere joyeux
Y reconnoît fa bouche, & la mere fes yeux ;
Ainfi dans les Oifeaux la nature foigneufe
De conferver l'honneur de leur naiffance
      heureufe,
A fu perpétuer mille traits répandus
Des deux Divinités dont ils font defcendus.
Ils tiennent de Phébus, auteur de la mufi-
      que,
Tous ces chants naturels qu'ils mettent en
      pratique ;
Ils tirent de Phébus, principe des couleurs,
Dequoi le difputer aux plus brillantes fleurs ;
Il foutient, il conduit leurs ailes élevées
Dans les routes de l'air pour eux feuls ré-
      fervées ;
La naiffance du jour leur réjouit le cœur,
Le départ du Soleil les met dans la langueur ;
Tout leur manque la nuit, l'ufage des pru-
      nelles,
Le chant, le mouvement & la force des
      ailes.
Je croirois volontiers, voyant tant de rap-
      ports
Les unir au Soleil par de fecrets refforts,

Qu'ils vivent feulement d'une vie emprun-
    tée,

Par fes rayons produite, avec art emportée,
Et dépendants de lui, tel qu'on voit un ruif-
    feau

Dépendre de fa fource & lui devoir fon eau.
Du côté de Vénus ils ont dans leur famille
La gloire de fortir auffi d'une coquille ;
Et cet artifte nid, qui leur fert de berceau,
De celui de leur mere eft encore un tableau.
Ils ont de cette tendre & fenfible Déeffe
Cette divine ardeur qui les brûle fans ceffe.
L'amour n'eft point chez eux un commerce
    au hazard,

Une aveugle fureur où le corps feul ait part,
Un tranfport qui s'épuife au moment qu'il
    commence,

Qu'aucun égard ne fuit, qu'aucun foin ne
    devance ;

Tel enfin qu'il fe trouve en d'autres animaux,
Qu'entraînent fur le champ leurs mouve-
    ments brutaux.

C'eft une paffion préparée & fuivie,
Qui dure tout l'Eté, fouvent toute la vie.
C'eft le plan régulier d'une fociété,

Qui

Qui met foins & plaifirs dans la commu-
      nauté.
Leur hymen en effet tient de nos mariages :
On les voit s'attacher à leurs petits ménages,
Et des matériaux d'un nid induftrieux
Faire conjointement l'amas laborieux.
L'amour eft en un mot leur grande & feule
      affaire;
Oififs en tout le refte, auffi-bien que leur
      mere,
Sans foin de l'avenir, brillants, chantants,
      jouants,
C'eft lui feul qui les rend actifs & prévoyants.
Mais c'eft fur les Moineaux entre tous que
      domine
L'amoureux afcendant de leur tendre ori-
      gine;
Et pour juftifier leur aineffe au befoin,
La Déeffe a voulu les marquer à fon coin.
Une amoureufe ardeur fans ceffe les dévore,
Et le même Printemps, qui les a fait éclorre,
Voit le frere & la fœur amants dès le berceau,
Au fortir de leur nid en bâtir un nouveau.
Qu'on ne m'oppofe plus que ce fond de
      tendreffe

Eſt un titre d'ainé bien fatal à l'eſpece ;

Que ce feu qui les rend ſi vifs dans leurs
　　Amours,

S'il cauſe leurs plaiſirs, abrege auſſi leurs
　　jours.

Ah ! qu'un pareil reproche a dequoi faire
　　envie !

L'amour dans un Moineau dure autant que
　　la vie.

Ne vivroient-ils qu'un an ; ils vivent plus
　　long-temps

Que ces triſtes Oiſeaux qu'on croit vivre
　　cent ans.

Voyez, belle Philis, où l'ardeur de vous
　　plaire

A conduit, en jouant, ma muſe téméraire !

Semblable à ces Auteurs, par l'argent inſ-
　　pirés,

Qui ſur des monuments, de tout autre
　　ignorés,

Tirent de la pouſſiere une nobleſſe mince,

Et lui donnent pour tige un échappé de
　　Prince ;

Pour vous j'ai parcouru les archives des
　　Cieux,

Dénoncé des amours même ignorés des
   Dieux,
Et menant la nature au secours de la fable,
Fait au défaut du vrai servir le vraisemblable.
Heureux! si je pouvois par ce chemin nou-
   veau
Faire aux siecles futurs aller votre Moineau,
Le rendre aussi fameux que cet Oiseau cé-
   lebre
Dont Catulle autrefois fit l'éloge funebre,
Le rendant immortel en déplorant sa mort.
Je n'ose lui promettre un si glorieux sort:
Le Moineau de Lesbie eut moins de gentil-
   lesse,
Sans doute son Amant me cédoit en ten-
   dresse;
Mais Catulle touchoit une lyre à charmer,
Et je chante aussi mal que je sais bien aimer.
Bien loin de me flatter qu'à ce petit ouvrage
L'indifférent lecteur accorde son suffrage,
Je doute même encor si je vous aurai plu;
Vous, pour qui je travaille, & qui l'avez
   voulu.
Si d'un tendre baiser la peinture trop vive
Allarmoit cependant votre pudeur craintive,

Avant que d'effacer les traits de mon ta-
    bleau,
Voyez fur quels Amants j'exerce mon pin-
    ceau:
Songez que c'eft Vénus à fa premiere in-
    trigue,
Vénus de fes faveurs envers tous fi prodigue,
Que j'ai fait violence à fon tempérament,
Pour la rendre fi fage avec un tel Amant.
Quand donc, m'accommodant à votre hu-
    meur févere,
A de fimples baifers je termine l'affaire,
Permettez-moi du moins de les imaginer
Tels que je les demande & voudrois les
    donner.
Peut-être avec le temps par l'amour aguerrie
Ferez-vous plus de grace à fa galanterie.
Déja votre Moineau vous fait apprivoifer;
Avec un tel tranfport je vous le vois baifer,
Que c'eft par vos baifers que ma Mufe gui-
    dée
S'eft fait fur les Oifeaux cette amoureufe
    idée.
Mais pour rectifier par un trait férieux
Ce que la fable a mis de trop licencieux,

Je vais la couronner d'une morale auftere,
Et vous inftruire au moins, fi je n'ai fu vous
　　plaire.
C'eft l'effet de l'amour de changer les amants
En l'objet trop chéri de leurs empreffements.
Jadis par un Pigeon une belle charmée,
Se vit en un Pigeon par les Dieux tranf-
　　formée;
Vous, qui pour un Moineau, qui ne fauroit
　　jamais
Répondre à vos bontés, ni fentir vos attraits,
Avez de tendres foins qu'un Amant feul
　　mérite,
Redoutez que l'Amour enfin ne s'en irrite,
Et que faifant fur vous un prodige nouveau,
Il ne le change en homme, ou vous change
　　en Moineau.
Quelqu'heureux tour qu'il donne à la mé-
　　tamorphofe,
Vous perdriez, Philis, fans doute quelque
　　chofe.
Vous, devenant Oifeau, que d'attraits fu-
　　perflus!
Et lui devenant homme, il ne vous plairoit
　　plus.

IMITATION

DE LA
XII. ÉLÉGIE LATINE

D'ADRIEN RELAND,

SUR LA

MORT DE GALATÉE.

IMPITOYABLE fort, faut-il donc
   que je vive!
Et qu'à tant de douleurs un trifte
   Amant furvive!
O mort! ne fois pas fourde aux cris d'un
   malheureux;
Par pitié fois fenfible à mon tourment af-
   freux:
Dans l'état où je fuis, le feul bien qui me refte
Eft de finir, hélas! des jours que je détefte.
Viens donc; que tardes-tu de répondre à
   mes vœux?

Je ne vis qu'à regret : fi c'eft vivre, grands
    Dieux !

Que d'être enfeveli par la mort d'une
    Amante.

Ma Galatée, ô Ciel ! cette Nymphe char-
    mante,

Objet infortuné de mes vives ardeurs,

A fubi du deftin un arrêt plein d'horreurs :

Que je fuis malheureux ! jour fatal ! les lieux
    fombres

Voyent fon ombre errer parmi les noires
    ombres.

L'ombre de mon Amante....ô cruel fou-
    venir !

Jufte Ciel ! je ne peux y penfer fans frémir.

Quoi ! c'eft donc vainement que fa divine
    bouche

M'avoit juré qu'hymen l'uniroit à ma cou-
    che !

Seul & charmant objet de nos vœux les plus
    doux ;

Dieu d'hymen, tes flambeaux font donc
    éteints pour nous ?

Les plaifirs, dont jadis mon ame étoit flattée,

Sont tous enfevelis avec ma Galatée ?

Autour de fon beau col mes bras entrelacés
N'animeront donc plus nos amoureux bai-
    fers?
Tu portes aux Enfers, ô chafte Galatée,
Une virginité qui n'eft point effleurée.
Tes beaux yeux, où l'amour faifoit briller
    fes feux,
Sont pour jamais fermés à la clarté des
    Cieux.
Peut-être, ô mes amours! ma tendre Ga-
    latée !
(Si ce n'eft une erreur de ma flamme abufée)
Quand foutenue encor fur un fragile bois,
Tu foupirois mon nom pour la derniere fois,
Le cruel Dieu des mers t'a fubmergé dans
    l'onde.
O barbare deftin! ô douleur fans feconde!
Je preffentois ces maux, lorfque quittant
    ce lieu,
Ma Galatée, hélas! tu viens me dire adieu.
Quel adieu! jufte Ciel! il te coûte la vie.
D'une fecrette horreur mon ame fut faifie.
D'un funefte avenir trifte preffentiment!
Sans doute tu n'avois que trop de fonde-
    ment.

Dieux! pourquoi ce vaisseau quitta-t-il nos
   rivages,
Pour être le jouet des mers & des orages?
Innocentes ardeurs, délicieux transports,
Vous vous êtes changés en sanglots, en
   remords.
Avec ma Galatée ont péri mes délices,
Et mon plus doux espoir fait mes plus
   grands supplices.
O déplorable sort! ô malheur sans égal!
De vos fastes, François, rayez ce jour fatal.
Pleurez, sombres forêts, pleurez, terre ché-
   rie,
Préférable jadis aux champs de Thessalie,
Quand ma Nymphe faisoit sous vos ombra-
   ges verds
Redire à vos échos ses amours & mes Vers.
Hélas! elle n'est plus, vous n'avez plus de
   charmes;
Vous fîtes mes plaisirs, & vous causez mes
   larmes.
Elle ne viendra plus dans ces aimables lieux
Me prouver à la fois ses vertus & ses feux.
Tu ne mêleras plus, zéphyr, à ton murmure
De ma chaste Vénus l'haleine douce & pure;

Et ſes beaux cheveux blonds par ton ſouffle
    badin
Ne ſeront plus en ordre épars ſur ſon beau
    ſein.
Gazons, que tant de fois j'ai foulés avec elle,
Vous ne me verrez plus, rempli d'un tendre
    zele,
Donner à ſes beaux bras des baiſers amou-
    reux,
Capables d'enflammer les hommes & les
    Dieux.
Fontaines, en ce jour témoignez vos al-
    larmes,
Pleurez, ruiſſeaux, enflés du tribut de mes
    larmes;
Exprimez vos regrets, infortunés côteaux.
Et toi, fleuve, jadis pour boire de tes eaux,
Avec moi, ſur tes bords, mon Amante
    épanchée
Charmoit par ſes baiſers ton onde fortunée;
Les Naïades, pour voir ce chef-d'œuvre
    des Cieux,
Suſpendoient de tes flots le cours impétueux,
Et cédant au torrent de l'onde fugitive,
S'éloignoient à regret de cette heureuſe rive.

Pleurez , mes yeux, pleurez de fi tendres
    amours ,
Soupirs , plaintes , fanglots , prenez un li-
    bre cours ;
Vous feuls pouvez flatter ma tendreffe éplo-
    rée.
Pour ne penfer qu'à toi , chere ombre ,
    ô Galatée !
J'errerai toujours feul dans ces triftes forêts ,
Qui t'empruntoient jadis de fi charmants
    attraits :
Par de fréquents fanglots ma voix inter-
    rompue
Rendra ces lieux témoins du chagrin qui
    me tue ,
Et pouffant jufqu'aux Cieux de lugubres
    accents ,
Fera gémir l'écho de mes gémiffements :
Pour adoucir mes maux d'un feul mot qui
    m'enchante ,
Sans ceffe il redira le nom de mon Amante.
Mais toi , près d'un cyprès qui foupires ces
    Vers ,
Que n'exprimes-tu mieux , Mufe , les maux
    divers ,

Les plaintes, les tranſports où mon cœur
　　　s'abandonne ?

Chere ombre, qui m'entends, à ton Amant
　　　pardonne,

Pardonne aux triſtes pleurs qu'ici tu fais
　　　couler,

L'excès de ma douleur m'empêche de parler.

Pour peindre mes tourments nature eſt im-
　　　puiſſante :

J'ai tout perdu, grands Dieux ! en perdant
　　　mon Amante.

Ne cherchant déſormais que d'innocents
　　　plaiſirs,

Mon cœur ne formera que de chaſtes deſirs.

Tendre & perfide eſpoir du plus doux hy-
　　　menée,

Vous rendez à jamais ma vie infortunée.

Nymphe, lorſque la Parque aura tranché
　　　mes jours,

Je veux t'offrir encor de conſtantes amours;

Et m'uniſſant aux chœurs de l'heureux Eli-
　　　ſée,

Je chanterai toujours ma belle Galatée.

J. O... M... D. M.

L A
CHAMBRE
D E
JUSTICE,

*Etablie au commencement de la Régence
en 1715.*

O D E.

TOI, dont le redoutable Alcée
Suivoit les tranſports & la voix,
Muſe, viens peindre à ma penſée
La France réduite aux abois.
Je me livre à ta violence,
C'eſt trop dans un lâche ſilence
Nourrir d'inutiles douleurs.

Je vais, dans l'ardeur qui m'enflamme,
Flétrir le tribunal infame
Qui met le comble à nos malheurs.

Une tyrannique induſtrie
Epuiſe aujourd'hui ſon ſavoir;
Son implacable barbarie
Se meſure ſur ſon pouvoir.
Le délateur, monſtre exécrable,
Eſt orné d'un titre honorable,
A la honte de notre nom:
L'eſclave fait trembler ſon maître;
Enfin, nous allons voir renaître
Les temps de Claude & de Néron.

En vain l'Auteur de la nature
S'eſt réſervé le fond des cœurs,
Si l'orgueilleuſe créature
Oſe en ſonder les profondeurs.
Une ordonnance criminelle
Veut qu'en public chacun révele
Les opprobres de ſa maiſon;
Et pour couronner l'entrepriſe,
On fait d'un Pays de franchiſe
Une immenſe & vaſte priſon.

Quel gouffre fous mes pas s’entr’ouvre !
Quels fpectres me glacent d’effroi !
L’Enfer ténébreux fe découvre,
C’eft Tifiphone, je la vois.
La terreur, l’envie & la rage
Guident fon funefte paffage,
Des foudres partent de fes yeux ;
Elle tient dans fes mains perfides
Un tas de glaives homicides,
Dont elle arme des furieux.

Déja la troupe meurtriere
Commence fes fanglants exploits ;
Elle ouvre l’affreufe carriere
Par le renverfement des Loix.
Contre la force & l’impofture,
La foi, la candeur, la droiture
Sònt des afyles impuiffants :
Tout cede à l’horrible tempête ;
S’il tombe une coupable tête ,
On égorge mille innocents

Tel fortant du mont de Sicile,
Un torrent de fouffre enflammé
Engloutit un terroir fertile ,

Et fon habitant allarmé.
Tel un loup fumant de carnage,
Enveloppe dans fon ravage
Les bergers avec les troupeaux.
Tel étoit moins terrible encore
La fatale boîte, où Pandore
Cachoit à nos yeux tous les maux.

Dans cet odieux parallele
Ne rencontrez-vous pas vos traits,
Magiftrats d'un nouveau modele,
Que l'Enfer en courroux a faits?
Vils partifans de la fortune,
Que les cris du foible importune,
Par qui les bons font abattus,
Chez qui la cruauté farouche,
Les préjugés au regard louche
Tiennent la place des vertus.

Nous périffons, tout fe dérange,
Tous les états font confondus;
Par-tout regne un défordre étrange,
On ne voit qu'hommes éperdus.
Leurs cœurs font fermés à la joye,
Leurs biens vont devenir la proye
De leurs ennemis triomphants.

De

O défespoir ! notre Patrie
N'eft plus qu'une mere en furie,
Qui met en pieces fes enfants.

Je fens que ma crainte redouble,
Le Ciel s'obftine à nous punir ;
Que d'objets affligeants me troublent !
Je lis dans le fombre avenir.
Bientôt les guerres inteftines,
Les maffacres & les rapines
Deviendront les jeux des mortels :
On fouillera le fanctuaire ;
Les Dieux d'une terre étrangere
Vont deshonorer nos autels.

Vieille erreur, refpect chimérique,
Sortez de nos cœurs mutinés.
Chaffons le fommeil léthargique,
Qui nous a tenus enchaînés.
Peuples, pendant que la flamme s'apprête,
J'ai déja, femblable au Prophete,
Percé le mur d'iniquité ;
Volez, détruifez l'injuftice,
Saififfez au bout de la lice
La defirable liberté.

SUR LE MÊME SUJET.

Vénus ne connoît plus la joye,
On voit pleurer les jeux, les ris.
Hélas! disent-ils, l'on foudroye
Nos plus opulents favoris.

* * *

D'encens, de quelque vent frivole,
On repaissoit les immortels,
Tandis que les flots du Pactole
Sans cesse inondoient mes autels.

* * *

Plutus étoit inépuisable,
Comus ordonnoit mes ragoûts ;
Pour garnir de nectar ma table,
Dieux, je vous faisois jeûner tous.

* * *

Aussi nulle beauté rebelle,
Pour mes financiers si chéris :
A Vénus pomme d'or nouvelle,
Nouvelle Hélene à mes Pâris.

* * *

Mais je péris par le naufrage,
C'étoit mon meilleur revenu,

Mon fils, comme un petit fauvage,
Déformais vous irez tout nud.

Tant mieux, dit Minerve, j'ai honte
De vous voir tant verfer de pleurs;
Riez, des temples d'Amathonte
On chaffe les profanateurs.

L'Amour n'avoit plus en partage
L'empire de tout l'univers;
L'Amour étoit en efclavage :
Plutus avoit doré fes fers.

Soupirs, doux foins, tendre langage,
Source de nos plus purs honneurs,
Depuis fi long-temps hors d'ufage,
Redeviendront le prix des cœurs.

La fageffe que l'on refpecte,
Pourra même aimer à fon tour;
L'avarice n'eft plus fufpecte
D'empoifonner les traits d'amour.

Sachez que j'ai dans mon empire
Un objet de tous révéré;

Amour, il pourra te fourire,
En voyant ton culte épuré.

Minerve à la tendre Déeffe
Vous nomme, & l'appaife foudain.
Vous aimerez, belle Ducheffe,
Minerve promet-elle en vain?

CHANSON.

MA charmante Nanette,
J'entends un petit bruit,
C'eft ton cul qui caquette,
Apprens-moi ce qu'il dit.
Auroit-il reçu quelque injure,
Dont il murmure?
A-t-il quelque chagrin
Contre fon bon voifin?

Parlons en confidence,
Ce voifin fi mignon
Prend-t-il en patience
Cette efpece d'affront?

Je voudrois, quand tu lui lâches
Sur la mouſtache
Un petit camouflet,
Voir la mine qu'il fait.

A U T R E

Sur l'Air : *Aſſis ſur l'herbette.*

LA Reine ſi belle,
Qu'on aime ſi fort,
Pourquoi ne vient-elle ?
Vraiment elle a tort.
Son Louis ſoupire
Après ſes appas.
Que veut-elle dire
De ne venir pas ?

S'il ne la poſſede,
Il s'en va mourir ;
Portons-y remede,
Allons la quérir.
Hâtons le voyage,
Un ſiecle doré

En ce mariage
Nous est assuré.

Mais par quelle route
Aller la chercher ?
Nous n'y voyons goute,
Pourquoi la cacher ?
Aimable anonyme,
Viens donc promptement ;
La France t'estime,
Sans savoir comment.

AUTRE

Sur la Mort de Louis XIV.

Quel prodige surnaturel
    En ces lieux va paroître !
Que vois-je ! c'est l'homme immortel,
    Qui veut cesser de l'être.
Tremblez, ô Peuples de Sion !
La faridondaine, la faridondon,
Plus d'un malheur je vous prédis, biribi,
A la façon de barbari, mon ami.

La mort ſe préſente à ſes yeux,
    Sous une autre Couronne.
Je le vois qui fait ſes adieux
    A ſa toute mignonne :
Je meurs, dit-il, c’eſt pour raiſon,
La faridondaine, la faridondon,
Vous ſerez Reine à ſaint Denis, biribi,
A la façon, &c.

Il ſe trouve avec le Dauphin,
    Et lui tient ce langage :
Mignon, je vous laiſſe à la fin
    Un charmant héritage ;
Profitez-en, car il eſt bon,
La faridondaine, la faridondon,
Depuis la Paix tout y fleurit, biribi,
A la façon, &c.

Enſuite il parle à ſon Neveu,
    Et lui dit ce qu’il penſe :
Je meurs content, puiſque dans peu
    Vous aurez la Régence ;
Mon teſtament vous en fait don,
La faridondaine, la faridondon,
Mon dernier codicille auſſi, biribi,
A la façon, &c.

G iv

Tellier, fans fe faire appeller,
    S'approche, & plein de zele,
Si vous voulez, dit-il, aller
    A la gloire éternelle,
Laiffez-moi la commiffion,
La faridondaine, la faridondon,
De remplir vos devoirs ici, biribi,
A la façon, &c.

Le Roi répond, je le veux bien,
    Nommez aux Bénéfices;
Je vous connois homme de bien,
    Sans fraude & fans malice.
Ah! Sire, que vous êtes bon!
La faridondaine, la faridondon,
Dit le Confeffeur attendri, biribi,
A la façon, &c.

Louis voyant fa Cour en pleurs,
    Lui parle & la confole.
Adieu pour toujours, je me meurs,
    Car je perds la parole.
Alors fe tait le grand Bourbon,
La faridondaine, la faridondon,
Laiffant à penfer bien de lui, biribi,
A la façon, &c.

François, préparez-vous au deuil,
   Je le vois qu'il expire.
Il entre enfin dans le cercueil,
   En Héros qu'on admire.
Plongez-vous dans l'affliction,
La faridondaine, la faridondon,
Puisque vous perdez tout en lui, biribi,
A la façon, &c.

Je vois Philippe au Parlement
   Demander la Régence.
Doit-il y paroître content?
   Il n'aura rien, je pense.
Car, suivant ma prédiction,
La faridondaine, la faridondon,
Le testament sera suivi, biribi,
A la façon, &c.

Peuples, courez voir en pleurant
   L'honneur du diadême.
La mort dans son char triomphant
   A saint Denis l'emmene.
Que de filles se souviendront!
La faridondaine, la faridondon,
D'avoir vu son convoi de nuit, biribi,
A la façon, &c.

Hélas! falloit-il qu'il mourût
  Ce Prince tant aimable?
Son zele pour notre salut
  Etoit inconcevable.
Avec la Conftitution,
La faridondaine, la faridondon,
Il nous menoit en Paradis, biribi,
A la façon, &c.

Sa fageffe & fon équité
  Brilleront dans l'hiftoire.
Par lui le mérite exalté
  En publiera la gloire;
Et du Perou jufqu'au Japon,
La faridondaine, la faridondon,
On ne parlera que de lui, biribi,
A la façon, &c.

Si vous étiez chargés d'impôts,
  Il n'en étoit point caufe:
Il defiroit notre repos,
  Pouvoit-il autre chofe?
Vous lui faifiez compaffion,
La faridondaine, la faridondon,
Il fongeoit plus à vous qu'à lui, biribi,
A la façon, &c.

Vous alliez vivre tous heureux
   Dans une paix profonde ;
Son ardeur à combler nos vœux
   L'auroit rendu féconde ;
C'étoit là son ambition,
La faridondaine, la faridondon,
Mais voilà votre espoir détruit, biribi,
A la façon, &c.

Il eût, sensible à vos besoins,
   Fait regner l'innocence,
Il eût rétabli par ses soins
   Bientôt la confiance.
Il y travailloit tout de bon,
La faridondaine, la faridondon,
Avec Desmarêts & Berci, biribi,
A la façon, &c.

Pour faire circuler l'argent,
   Il aimoit la dépense.
Sa parole étoit du comptant,
   Tout alloit bien en France.
Chacun charmé d'un Roi si bon,
La faridondaine, la faridondon,
Disoit par-tout, vive Louis, biribi,
A la façon, &c.

Ainſi reſpectez Deſmarêts,
  Son Miniſtre fidele,
Reconnoiſſez à ſes arrêts
  Son mérite & ſon zele.
Et pour la veuve de Scarron,
La faridondaine la faridondon,
Ayez bien du reſpect auſſi, biribi,
A la façon, &c.

Aimez le Pere le Tellier,
  Suivez ſon Evangile;
Croyez Fagon dans ſon métier
  Auſſi ſavant qu'habile.
Fuyez Queſnel & ſes leçons,
La faridondaine, la faridondon,
Proſternez-vous devant Biſſi, biribi,
A la façon, &c.

Paſſants, ci gît Louis le Grand,
  Qui fit plus qu'Alexandre;
Quand il mourut, ce Conquérant
  N'avoit plus rien à prendre.
Homme, femme, fille & garçon,
La faridondaine, la faridondon,
Dites *De profundis* pour lui, biribi,
A la façon, &c.

IMPROMPTU.

TOut le monde ici critique,
En voyant paffer les Sceaux
Dans les mains d'un fanatique,
Qui fupplante Dagueffeau.
Mais le coup partant d'un borgne,
Sans peine on peut concevoir
Que c'eft un tireur qui lorgne,
Et vife du blanc au noir.

AUTRE.

QU'on ruine la finance
Du pauvre Peuple badaut;
Que le Régent de la France
Soutire un autre tonneau;
Qu'à Noailles l'on permette
De piller impunément,
Pourvu qu'après on le mette
A la place du Normand.

VAUDEVILLES.

L
A Bulle a plus d'un défaut,
Qu'on chante aujourd'hui tout haut,
Et contre la Foi,
Et contre le Roi,
C'est l'ouvrage du Diable.
J'en dirois plus encor, eh quoi?
Mais trop longue est la fable.

Celle *in Cœnâ Domini*,
Et lunam sanctam aussi,
Que nous rejettons,
Que nous détestons,
Ne font pas plus mauvaises;
Leurs menaces nous méprisons,
Ce font toutes fadaises.

Concile national,
Vous ne ferez plus de mal;
L'horrible dessein
Du grand Chauvelin,
Pour vous prêter main forte,
Dieu le renverse un beau matin
Et toute sa cohorte.

Le beau mignon de Rohan,

Ce ballon rempli de vent,
Eſt pris par le bec;
Fût-il de Lamec,
Autant par la naiſſance,
Que de Conan Mériadec,
La véritable engeance.

❦❦❦

Que dirons-nous de Biſſi?
Pour moi j'en dirai ſi, ſi.
L'hiard fâcheux,
L'hiard furieux,
Pour ſupplanter Noailles,
Faiſoit le manege odieux
D'Evêque de Verſailles.

❦❦❦

Le Prélat de Montpellier
N'a rien voulu publier;
Ah! qu'il a bien fait!
Son procédé net
Le rend très-reſpectable:
Et ſi ſon ouvrage il parfait,
Il eſt incomparable.

❦❦❦

Partiſans de Molina,
Vous puez comme ka ka.
Noailles dément

Le Pape Clément.
Diſciple de Sfondrate,
Il reçut au Parlement
Un vilain coup de pate.

❧❦❧

L'audacieux le Tellier,
Qui nous faiſoit tous plier,
Honteux & confus,
Ne ſe verra plus
Traiter de Révérence;
Car le voilà, dit-on, exclus
Du Conſeil de Conſcience.

❧❦❧

Vers le Pape avec honneur,
Targni docte, ou bien Docteur,
Envoyé du Roi,
Revient chez Louvois,
Et ne comprend pas comme
Il trouve tout en déſarroi,
A ſon retour de Rome.

❧❦❧

Retirez-vous à Pamprou,
Peres, dont nous avons prou.
Tallement, Doucin,
Daniel, Hardouin,

Et vous, grand Tournemine,
Esprit & cœur Ultramontain,
Vous faites triste mine.

L'inftruction des Prélats,
Dont ils faifoient fi grands cas,
Eft *à remotis*,
Et tous interdits
D'une démarche lente
. . . .
Nos Seigneurs les quarante.

Pontchartrain, l'euffes-tu cru?
Dom Jerôme eft revenu.
On revoit ici
Thierry, Dabiffy,
Tarquois, Habert, Vitafle
Bragelone & Bidal auffi,
Qui reprendront leur place.

Quel revers fouffre en ce temps
Le Correcteur des Feuillants!
Ce futur Prélat,
Cet impofteur fat,
Cet homme néceffaire;

* Il manque ici un Vers, qui ne s'eft point
trouvé dans la copie.

H

Hériau, que fortune abat,
Déplore sa misere.

Nos Prélats & nos Docteurs,
Revenus de leurs frayeurs,
S'en vont en repos
Gaillards & dispos
Nous prêcher l'Evangile,
Auquel ils ont tourné le dos
Dans un temps moins facile.

Les savants & bons Curés,
Heureusement délivrés
Des Déclamateurs,
Des Délateurs,
Réformeront les theses
Des Mandarins Prédicateurs,
Qui s'emparent des chaises.

Enfin, l'Eglise & l'Etat
Vont reprendre leur éclat.
On verra la Paix
Regner déformais
En tous lieux dans la France,
Et l'on ne se plaindra jamais
De la sage Régence, lon la
De la sage Régence.

CHANSON LIBRE.

Sur l'Air du Branle de Metz.

LE Dieu d'Amour à Cythere
Vient d'ouvrir son Jubilé;
Tout Amant est appellé
A l'Indulgence Pléniere:
Belle Iris, pour en tâter
Je sais la bonne maniere,
Belle Iris, &c.
Faut à moi s'en rapporter.

Je veux faire sur ta bouche
D'abord une station;
Mais à ma dévotion
Garde-toi d'être farouche;
Il faut qu'un même desir
Egalement ton cœur touche,
Il faut, &c.
Nous fasse un commun plaisir.

Là ma priere finie,
Je poursuivrai mon chemin,
Et j'irai sur ton blanc sein

Dire aussi ma Litanie.
En parcourant tous les lieux
De cette terre choisie,
En parcourant, &c.
On fait office pieux.

Bref pour station derniere,
Descendant un peu plus bas,
J'irai sur d'autres appas
Finir ma sainte carriere ;
Mais il faut un cœur bien droit
Pour se tirer là d'affaire,
Mais il, &c.
En entrant dans cet endroit.

C'est un temple tout d'ébene
Sur un double piédestal,
Dont la porte de coral
Ne semble s'ouvrir qu'à peine :
Mais moins le passage est grand,
Quand un bon motif y mene,
Mais moins, &c.
Mieux on se trouve dedans.

Pour lors le temple facile

Daigne à nos vœux se prêter ;
Vous le voyez s'agiter
Sur son fondement mobile :
Une source de plaisirs
De la voûte enfin distille,
Une source, &c.
Eteint nos brûlants desirs.

Pour faire œuvre méritoire,
J'adresserai dans ce lieu,
En remerciant le Dieu,
Oraison jaculatoire.
Par plus d'une aspersion
J'arroserai l'Oratoire,
Par plus, &c.
Je finirai l'oraison.

CHANSON
Sur le Mississipi.

CHantons tous l'établissement
De la Compagnie d'Occident,
Lon lan la derirette,
Autrement de Mississipi,
Lon lan la deriri.

Pour lui donner plus de crédit,
On met à la têté un Proscrit,
   Lon lan la derirette,
Qu'on voulut pendre en son Pays,
   L'on lan la deriri.

Noailles de son cabinet
A fait sortir ce grand projet,
   Lon lan la derirette,
Qu'il est beau d'avoir de l'esprit!
   Lon lan la deriri.

Le Pays n'est point habité,
Mais il sera bien fréquenté,
   Lon lan la derirette,
Peut-être dans cent ans d'ici,
   Lon lan la deriri.

Des filles on y enverra,
Et d'abord on les mariera
   Lon lan la derirette,
Si on leur trouve des maris,
   Lon lan la deriri.

Les mines on y fouillera,

Car sans doute on en trouvera,
   Lon lan la derirette,
Si la nature y en a mis,
   Lon lan la deriri.

✿

Nos billets vont être payés,
Car les fonds en sont assurés,
   Lon lan la derirette,
Sur l'or qu'elles auront produit,
   Lon lan la deriri.

✿

Crozat, qui n'aime point l'argent,
Craignant d'être trop opulent,
   Lon lan la derirette,
A laissé le Mississipi,
   Lon lan la deriri.

✿

Pour policer ce grand Pays,
On va faire bien des Edits,
   Lon lan la derirette,
On en, &c.
   Lon lan la deriri.

✿

Pour premier établissement,
On enverra le Parlement,

H iv

Lon lan la derirette,
Qui ne nous fert de rien ici,
Lon lan la deriri.

Des Farceurs on y menera,
Du Coudrai fon rôle y jouera,
Lon lan la derirette,
Pour réjouir Miffiffipi,
Lon lan la deriri.

Noailles aura foin d'enfeigner
La maniere de gouverner,
Lon lan la derirette,
Et celle de détruire auffi,
Lon lan la deriri.

Des rentes on affignera,
Et puis on les fupprimera,
Lon lan la derirette,
On s'en paffera, Dieu merci,
Lon lan la deriri.

Le Pape même y enverra
La Foi, la Bulle & cætera,
Lon lan la derirette,

Par le Cardinal de Biſſi,
　Lon lan la deriri.

✳

Tous les jeux on y défendra,
Lanſquenet, pharaon, hoca,
　Lon lan la derirette,
Comme on l'obſerve dans Paris,
　Lon lan la deriri.

AUTRE CHANSON

Sur le même Air.

CElébrons tous inceſſamment
Le glorieux gouvernement,
　Lon lan la derirette,
De nos Princes du Ciel chéris,
　Lon lan la deriri.

✳

L'aveugle a le rang au-deſſus,
Le borgne ſuit, puis le boſſu,
　Lon lan la derirette,
Un boiteux y prend place auſſi,
　Lon lan la deriri.

Ne difons rien de l'Amiral,
Car il ne fait ni bien ni mal,
   Lon lan la derirette,
Quelquefois il eft applaudi,
   Lon lan la deriri.

Après eux vient le Chancelier,
Qui fe pique de bien parler,
   Lon lan la derirette,
Et ne fait fouvent ce qu'il dit,
   Lon lan la deriri.

Nos Pairs, dont parle chaque Edit,
Les autres Notables auffi,
   Lon lan la derirette,
Paroiffent dans le rang qui fuit,
   Lon lan la deriri.

D'abord eft le petit Simon,
Qui tout d'un coup eft furibond,
   Lon lan la derirette,
Quand un Juge eft fur le tapis,
   Lon lan la deriri.

Près de lui le Grand-Maréchal,

Dont la perruque eſt le ſignal,
   Lon lan la derirette,
De ce qu'il blâme ou applaudit,
   Lon lan la deriri.

Puis Tallard, en vieux Courtiſan,
Voudroit obſerver le Régent,
   Lon lan la derirette,
Mais il ne voit pas juſqu'à lui,
   Lon lan la deriri.

Ainſi qu'un ſanglier couru,
Le gros Beſons toujours bourru,
   Lon lan la derirette,
Eſt du dernier avis qu'on dit,
   Lon lan la deriri.

Vient le Relaps impertinent,
Qui voudroit ſe rendre important,
   Lon lan la derirette,
Et que tout pût paſſer par lui,
   Lon lan la deriri.

Le Pelletier, d'un air pédant,
Veut marmotter entre ſes dents,

  Lon lan la derirette,
Perſonne n'eſt plus au logis,
  Lon lan la deriri.

  De Torcy aíme à jabotter,
Mais ſouvent las de l'écouter,
  Lon lan la derirette,
On compte pour peu ce qu'il dit,
  Lon lan la deriri.

On voit un petit potiron,
Qui griffonne ſur un chiffon,
  Lon lan la derirette,
Toutes les ſottiſes qu'on dit,
  Lon lan la deriri.

Ce beau Conſeil eſt terminé
Par un véritable uſurier,
  Lon lan la derirette,
Qui s'eſt placé là par dépit,
  Lon lan la deriri.

AUTRE

Sur l'Air : *Lere, la lere, &c.*

PH... eſt un joli mignon,
Qui ſe ſoule comme un cochon,
Les ſoirs avec la Parabere,
Lere, &c.

Sa groſſe fille la Berry,
Toujours armée d'un grand v..
F... par devant & par derriere,
Lere, &c.

Il croit qu'il a de la vertu,
Parce qu'il ne f... pas en cu,
Comme défunt Monſieur ſon Pere,
Lere, &c.

Bourbon veut les bâtards chaſſer ;
Il feroit bien mieux de ſangler
Sa laide jument pouliniere,
Lere, &c.

Pour Conti c'eſt un poliſſon,
Quelle f.... race Bourbon,

Nous a laiſſé Monſieur ſon Pere,
Lere, &c.

La pauvre Conſtitution
N'eſt plus qu'une Marie-Chiffon,
Très-propre à torcher mon derriere,
Lere, &c.

Les Jéſuites ſont déconfits,
On les verra bientôt tapis
Dans le c.. de notre S. Pere,
Lere, &c.

NOËLS NOUVEAUX.
Tous les Bourgeois de Chartres.

TOute la Cour de France,
Les grands & les petits,
Apprenant la naiſſance
Du Dieu de Paradis,
S'en vont à Bethléem,
Le Régent à leur tête,
Qui voyant le poupon, don, don,
Eſt-ce pour celui-là, la, la,
Qu'on fait ſi grande fête?

Appercevant Marie,
Si gracieuſe à voir,
Il lui dit, je vous prie
A ſouper pour ce ſoir :
Venez chez la Berry,
Vous ferez bonne chere ;
Nous nous enivrerons, don, don,
Nocé même y ſera, la, la,
Et non la Parabere.

Plus grave que Socrate
Le Chancelier entra,
Et Fleury ſon Achate
Près de lui ſe montra :
De vous & du Régent
Je ne veux que la grace ;
Mais à condition, don, don,
Qu'on ne me ſonnera, la, la,
Que la grace efficace.

D'un ton de Pédagogue
Il dit au Dieu naiſſant,
Contre la Synagogue
Arme ton bras puiſſant ;
Renverſe pour jamais

Cette Eglise profane :
Mais grace à nos canons, don, don,
Il n'endommagea pas, la, la,
L'Eglise Gallicane.

✣

Après la politique,
Tallard s'est approché,
En difant, la critique
Deux ans m'a délaiſſé.
Je frondois juſtement
Ce qu'on faifoit en France ;
Mais j'ai changé de ton, don, don,
Depuis fix mois ençà, la, la,
J'admire la Régence.

✣

A Jeſus-Chriſt d'Uxelles
Ne croyant nullement,
Dit, foin de vos cervelles,
Foin du Gouvernement.
Ce Diable de Régent
Veut tout perdre, ou je meure,
Par la morbleu quittons, don, don ;
Content de ce bruit là, la, la,
Le Maréchal demeure.

✣

Suivi

Suivi de fa Cohorte,
Saint Simon Choubereau
S'écria de la porte,
Hé! quoi, point de Carreaux!
Nous voulons foutenir
Les droits de la Patrie;
Ici nous proteftons, don, don,
Que nous n'adorons pas, la, la,
Le Dieu Fils de Marie.

Sur le bruit que des Anges
Paroiffoient dans ces lieux,
Et chantoient les louanges
Du Souverain des Cieux,
Canillac dit, preffé
D'aller à leur rencontre,
Où font ces beaux garçons, don, don?
Je ne les vois pas là, la, la,
Vîte qu'on me les montre.

Du fond de fa cahute
Vint l'Evêque de Laon,
Qui dit, fur la difpute,
Seigneur, voyez mon plan.
Je ne prends point parti,

Comme font toutes les autres,
Car tantôt je dis non, don, don,
Et puis après, oui dà, la, la,
Suivant qu'il plaît aux autres.

❧

Arrivant d'Angleterre
L'Ambassadeur Du Bois,
En mettant pied à terre,
Apperçut les trois Rois.
Faisons vîte un traité,
Dit-il, avec ces Princes;
Offrons des millions, don, don,
S'ils ne suffisent pas, la, la,
Lâchons quelques Provinces.

❧

Grosse à pleine ceinture
La féconde Berry,
Dit en humble posture,
Et le cœur bien contrit:
Seigneur, je n'aurai plus
Les mœurs aussi gaillardes,
Je ne veux que Riom, don, don,
Quelquefois le Papa, la, la,
Et rarement mes Gardes.

Des premiers à la crêche
Arriva Mortemart,
Avec mine très-feche
Et farouche regard,
Difant, je veux ici
Me garder de furprife,
Les bâtards y viendront, don, don,
Et je ne prétends pas, la, la,
Leur céder la chemife.

DISCOURS

QUE DEVOIT PRONONCER

Mr. L'ABBÉ SEGUI,

Pour sa Réception à l'Académie Françoise.

MESSIEURS,

Vous couronnez aujour-d'hui votre Ouvrage ; après m'avoir *doté*, vous m'adoptez. (a) Puis-je trop *reconnoître* des bienfaits qui m'ont fait *connoître* ?

(a) Le Panégyrique de S. *Louis*, prononcé à l'Académie Françoise, valut à l'Abbé *Segui* une Abbaye, que cette Compagnie obtint pour lui. Quand il alla demander à Mr. *Danchet* son suffrage pour l'Académie, il lui dit, qu'il sembloit qu'elle l'eût déja adopté : *Dites plutôt*, lui repliqua Mr. Danchet, *qu'elle vous a doté*.

D'une profonde obſcurité, (*b*) je paſſe tout à coup dans le plus grand jour. Il m'éblouit ſur moi-même ; il m'éclaire ſur vos mérites. En m'aſſociant à vous, je ſens que je deviens un nouvel homme. Tout ce qui me reſtoit de ténebres s'évanouit, ou s'épure, & je jouis d'une Apothéoſe anticipée.

Placé au faîte du Temple de la Gloire, je ne vois plus le reſte des Ecrivains que comme des atomes. Le Barreau, la Chaire, le Theâtre reclament en vain leurs prétendus Illuſtres ; leurs Ouvrages ſont tarés à mes yeux, & ne paſſeront qu'en fraude à la poſtérité, tant qu'ils ne feront pas plombés de votre Sceau de l'Immortalité. (*c*)

Oui, Meſſieurs, je ſoutiens, avec votre *ſincere Hiſtorien*, (*d*) que vous poſſédez ce que le ſiecle peut citer

(*b*) Il n'étoit que ſimple Aumônier du College de *Beauvais*, à 300. livres de penſion.
(*c*) C'eſt la deviſe de l'Académie Françoiſe.
(*d*) L'Abbé d'*Olivet*.

de meilleur en tout genre ; Poëtes, Orateurs , Hiftoriens , Critiques, Nul vrai talent , qui ne foit dans l'Académie , ou qui ne lui foit def- tiné. J'entre dans vos fentiments ; depuis long-temps je me les fuis ap- propriés , & par-là je fuis devenu à peu près digne de vous.

Plus heureux que l'illuftre Abbé *Cotin* , le grand titre d'*Académicien* amenera déformais la foule à mes Sermons , que perfonne ne venoit entendre. Ainfi l'honneur que vous m'avez fait , intéreffe la Religion. Cet honneur que les *Mabouls* , les *du Jarys* , les *Anfelmes* , les *Prévots* , *(e)* par le mérite de leurs Prédications & par tous leurs funebres Panégyri- ques , n'ont pu obtenir , je l'obtiens moi , par un feul *Difcours* , *(f)* objet

(e) Celui-ci n'eft pas l'Auteur de *Manon Lefcaut.*
(f) L'Oraifon funebre du Maréchal *de Villars,* dont l'Abbé *Segui* fut chargé , au défaut du Pere *Tournemine* , qui ne voulut pas réformer dans la fienne des traits fatyriques contre les dévots *Pa- riftes.*

de l'injuſtice & du mépris du public, dont votre choix, Meſſieurs, me venge glorieuſement.

C'eſt à moi aujourd'hui de m'acquitter de tout ce que je vous dois, par un noble & heureux tiſſu de louanges. La louange, Meſſieurs, eſt la monnoye courante dans votre empire : par elle on ſatisfait ici à tous ſes engagements ; frappée à différents coins, elle ſouffre mille refontes nouvelles.

Tout eſt dit ſur *Richelieu* votre Fondateur, ſur votre Protecteur *Seguier*, & ſur le Grand Monarque à qui vous devez votre principale illuſtration.

J'ai peu de choſe à dire de mon Prédéceſſeur ; (*g*) ſa mémoire eſt trop récente, pour me laiſſer le droit d'imaginer. (*h*) S'il n'a rien écrit qui

(*g*) Mr. *Adam*, qui avoit été Valet de chambre de Mr. le Duc de *Chaulnes*.
(*h*) Son éloge eſt fait tout d'abord :
Adam vivoit, Adam eſt mort.

foit connu , comprons-lui le mérite de la modeftie. Quelle autre caufe peut-on donner du filence d'un Académicien ?

Mais pourquoi m'occupé-je d'objets qui ne font plus, tandis que les objets préfents épuifent mon admiration ? Me fera-t-il permis, Meffieurs , à l'exemple du célebre *La Bruyere* , de crayonner une partie des Grands Hommes qui compofent aujourd'hui votre illuftre Corps? Dans mes peintures, je n'emprunterai rien de lui ; j'ai à peindre des Perfonnages bien différents.

Il eft des traits marqués que le pinceau faifit d'abord. Il en eft de délicats & de fins, &, pour ainfi dire, de caprice, que la nature s'eft plu de former, & que l'art a plus de peine à rendre. Suppléez donc, Meffieurs, à ma foibleffe, & contentez-vous de l'Efquiffe que j'ofe vous préfenter.

Je peindrai légérement ce joli Naturaliste de nos jours, *(i)* dont la sagacité sert la galanterie, ce *Pline François*, cet ingénieux Historiographe des *Dieux miaulants de l'Egypte*, que vous avez si librement reçu & si cordialement conservé. Je décorerai d'une couronne cynique ce grand Philosophe, *(k)* qui a si bien mérité de la Patrie par sa docte Apologie des *Billets de Banque* & par les aménités de son *Purgatoire*. Je lui joindrai cet affable Ministre *(l)* de *Plutus*, qui ayant mis les Finances à la teinture des *Muses*, adoucit la rigueur des tributs par ses manieres humbles, modestes & polies, & n'est pas encore estimé le *Dixieme* de ce qu'il vaut. Je releverai la pourpre de ce Magistrat, *(m)* qui a si long-temps égayé la févere *Themis*, & qui, à

(*i*) Mr. *De Moncrif*, Auteur de l'Ouvrage intitulé, *les Chats*.

(*k*) L'Abbé *Terrasson*, Auteur du Roman de *Séthos*.

(*l*) Mr. *Mallet*, principal Directeur du *Dixieme*,

(*m*) Le Président *Hénault*.

l'exemple du célebre *Coulange*, a sacrifié au tendre *Vaudeville* la fastidieuse étude de la chicanne. A côté de ce Grand Homme je placerai l'illustre *Maître*, (*n*) qui rend au Public des *Comptes* si fideles de ses talents : Génie heureux , qui nous a exprimé toute l'énergie de l'*Homere* des *Anglois*; (*o*) modele des traducteurs, & modele si accompli , que l'envie n'a pu armer contre ce chef-d'œuvre que l'incrédulité , qu'une supposition de part , & que l'allégation d'un enfantement étranger.

Auprès de ces riants & agréables Auteurs, je placerai , par un favorable contraste, des Savants du premier ordre , tels que ce *Saumaise* moderne , (*p*) cet Homme si profond en *Hébreu* & en *Grec* , qu'il semble avoir sacrifié à ces deux langues le talent

(*n*) Mr. *Dupré* de S. Maur, Maître des Comptes.
(*o*) La traduction de *Milton*, par Mr. *Dupré*, a été revendiquée par M. de *Boismorant* & autres.
(*p*) L'Abbé *Sallier*.

qu’il avoit pour apprendre la nôtre. J’irai enſuite chercher dans
l’Antiquité le *Géryon à trois têtes*,
pour peindre d’après lui cet Homme vénérable (*q*) inſcrit des premiers ſur votre Liſte, & qui réu-
nit en lui trois hommes différents, le Magiſtrat, l’Eccléſiaſti-
que, le Lettré. Ses vertus allé-
goriques ſeroient le ſujet de plus
de tableaux & d’eſtampes, qu’il
n’en a laiſſé dans la plus riche Bi-
bliotheque de l’univers.

Quelles Provinces éloignées, quelles Villes, quelles Bourgades, igno-
rent un nom glorieuſement impri-
mé tous les mois ? Je parle du judicieux Approbateur (*r*) du *Mercure*, qui, pour ainſi dire, en partage la gloire avec l’Auteur, & qui
d’ailleurs s’eſt immortaliſé par ſon
Hiſtoire du Berger Daphnis.

O vous, *Sophocle* de notre ſie-

____

(*q*) L’Abbé *Bignon*.
(*r*) Mr. *Hardion*.

cle, *(s)* qui souteniez autrefois le Théâtre, & faisiez succéder avec tant de rapidité vos Ouvrages les uns aux autres, hâtez-vous encore; achevez cette Tragédie commencée & attendue depuis dix ans. *(t)* Le titre d'Académicien est-il un poids qui vous arrête? Jaloux de la correction, craignez-vous de hazarder des fruits précoces? Une circonspection politique a-t-elle rompu votre commerce avec des fugitifs *(u)* suspects? On vous permet de renouer ces rélations nécessaires à la Scene & à votre gloire.

Puisse ainsi mon zele pour l'honneur de l'Académie justifier le choix dont elle m'honore! Quelle gloire pour moi d'avoir obtenu la préférence! Vous m'avez fait grace, Messieurs, il est vrai; faites-moi celle de ne vous en point repentir.

(s) Mr. *Crebillon*, le Pere.
(t) Catilina.
(u) Les Chartreux d'Utrecht.

L'exemple de ce choix excitera l'émulation : que de dignes Aspirants vont désormais se présenter à vos Portes !

Ouvrez-les au savant Compilateur *(x)* des *Causes célebres ;* au délicat & judicieux *Annaliste du Théâtre François ; (y)* au fécond Historien *(z)* des Accouchements & des Enterrements de *Paris,* dont le discernement, l'esprit & la politesse brillent périodiquement quatorze fois chaque année ; enfin, à l'ingénieux & très-humble Auteur de la Tragédie d'*Abenzaïd : (a)* ouvrez-les à ce Lyrique Véteran, *(b)* dont *Paris* vient d'admirer le sublime génie dans la correction de l'Ouvrage imparfait *(c)* d'un de vos Confreres décédé. Si le Public

(x) Mr. *Gayot de Pitaval.*
(y) Mr. *de Beauchamps.*
(z) Mr. *de la Roque, Auteur du Mercure de France.*
(a) L'abbé *le Blanc.*
(b) Mr. *de la Serre.*
(c) Opéra de *Scanderberg,* qui a échoué.

vous reproche d'avoir abandonné à des mains étrangeres les Enfants posthumes de l'illustre *Houdart*, il vous demande au moins pour leur Curateur la récompense de leur avoir redressé les Membres, de leur en avoir ajouté de nouveaux, & de leur avoir procuré en trois mois une fortune éclatante.

Vous placerez aussi parmi vous *le Scuderi* de notre âge, cet inépuisable Auteur, *(d)* ce millionnaire de Vers, ce vénérable Prêtre d'*Apollon*, occupé depuis trente ans à desservir l'Opéra, comme le chef-lieu de son bénéfice, sans négliger les chapelles confiées à ses soins.

Voilà les hommes votables, les sujets capables de maintenir la Compagnie dans tout son lustre. Mais, hélas! ils ne pourront y entrer qu'elle ne perde quelqu'un des précieux Membres qui la composent aujourd'hui, comme cela a été très-savam-

______

(d) L'Abbé *Pellegrin*, nommé communément le *Chapelain de l'Opéra.*

ment démontré, il y a deux ans, dans un excellent Discours *(e)* prononcé en ce lieu. C'est ainsi que l'Académie, par un privilege admirable, perd lorsqu'elle gagne, & gagne lorsqu'elle perd.

Soyez persuadés, Messieurs, que personne ne sera plus zélé que moi pour le maintien de vos saintes loix, dictées par la Religion, par la sagesse & par la probité, & sur-tout du Statut édifiant qui ordonne que toute place d'Académicien sera honnêtement sollicitée, de peur qu'un si auguste Corps ne se voye exposé à l'ignominie d'un modeste refus. Que l'Episcopat, que l'Ordre du Saint-Esprit, que le Trône même ne se croyent pas deshonorés par de pareils refus, qu'ils ont quelquefois essuyés. Pour vous, Messieurs, qui avez sur l'honneur des délicatesses imperceptibles, l'exemple de ce qu'il y a de plus grand ne sera jamais

(e) A la Réception du Duc *de Villars.*

un modele pour vous, parce que
vous êtes le fel de la terre, *vos eftis
fal terræ :* ce fel, Meffieurs, vous
préfervera à jamais de la corruption
dans ce monde, & dans l'autre que
je vous fouhaite. Ainfi foit-il.

LE
MONDAIN.

REGRETTERA qui veut le bon vieux temps,
Et l'âge d'or, & le regne d'Aſtrée,
Et les beaux jours de Saturne & de Rhée,
Et le jardin de nos premiers Parents ;
Moi, je rends grace à la nature ſage,
Qui, pour mon bien, m'a fait naître en cet âge
Tant décrié par nos pauvres Docteurs :
Ce temps profane eſt tout fait pour mes mœurs.
J'aime le luxe, & même la molleſſe,
Tous les plaiſirs, les arts de toute eſpece,
La propreté, le goût, les ornements ;
Tout honnête homme a de tels ſentiments.
Il eſt bien doux pour mon cœur très-immonde

K

De voir ici l'abondance à la ronde,
Mere des arts & des heureux travaux,
Nous apporter de sa source féconde
Et des besoins & des plaisirs nouveaux.
L'or de la terre, & le trésor de l'onde,
Leurs habitants, & les peuples de l'air,
Tout sert au luxe, aux plaisirs de ce monde;
Ah! le bon temps que ce siecle de fer!

Le superflu, chose très-nécessaire,
A réuni l'un & l'autre hémisphere.
Voyez-vous pas ces agiles vaisseaux,
Qui du Texel, de Londres, de Bordeaux,
S'en vont chercher, par un heureux échange,
De nouveaux biens nés aux sources du Gange;
Tandis qu'au loin, vainqueurs des Musul-
  mans,
Nos vins de France enivrent les Sultans?

Quand la nature étoit dans son enfance,
Nos bons aïeux vivoient dans l'innocence,
Ne connoissant ni le *tien*, ni le *mien*;
Qu'auroient-ils pu connoître? ils n'avoient
  rien:
Ils étoient nuds, & c'est chose très-claire,
Que qui n'a rien, n'a nul partage à faire.
Sobres étoient, ah! je le crois encor,

Martialo n'eſt point du ſiecle d'or.

D'un bon vin frais ou la mouſſe, ou la ſeve

Ne gratta point le triſte goſier d'Eve.

La ſoye & l'or ne brilloient point chez eux;

Admirez-vous pour cela nos aïeux?

Il leur manquoit l'induſtrie & l'aiſance;

Eſt-ce vertu? C'étoit pure ignorance.

Quel idiot, s'il avoit eu pour lors

Quelque bon lit, auroit couché dehors?

    Mon cher Adam, mon vieux & triſte pere,

Je crois te voir en un recoin d'Eden,

Groſſiérement forger le genre humain,

En tourmentant Madame Eve ma mere.

Deux ſinges verds, deux chevres, pieds
    fourchus,

Sont moins hideux au fond de leur feuillée.

Par le ſoleil votre face hâlée,

Vos bras velus, votre main écaillée,

Vos ongles longs, craſſeux, noirs & cro-
    chus,

Votre peau biſe, endurcie & brûlée,

Sont les attraits, ſont les charmes flatteurs,

Dont l'aſſemblage allume vos ardeurs.

Bientôt laſſés de leur belle aventure,

Deſſous un chêne ils ſoupent galamment,

Avec de l'eau, du millet & du gland ;
Le repas fait, ils dorment fur la dure :
Voilà l'état de la pure nature.

Or maintenant, voulez-vous, mes amis,
Savoir un peu, dans nos jours tant maudits,
Soit à Paris, foit à Londres, ou dans Rome,
Quel eft le train des jours d'un honnête
    homme ?
Entrez chez lui ; la foule des beaux arts,
Enfants du goût, fe montre à vos regards.
De mille mains l'éclatante induftrie
De ces dehors orna la fymmétrie.
L'heureux pinceau, le fuperbe deffein
Du doux Correge & du favant Pouffin
Sont encadrés dans l'or d'une bordure ;
C'eft Bouchardon qui fit cette figure,
Et cet argent fut poli par Germain ;
Des Gobelins l'aiguille & la teinture
Dans ces tapis égale la peinture ;
Tous ces objets font vingt fois repétés
Dans des trumeaux tout brillants de clartés.
De ce falon je vois par la fenêtre
Dans des jardins des myrtes en berceaux ;
J'en vois jaillir les bondiffantes eaux ;
Mais du logis j'entends fortir le Maître.

Un char commode, avec graces orné,
Par deux chevaux rapidement traîné,
Paroît aux yeux une maison roulante,
Moitié dorée & moitié transparente :
Nonchalamment je l'y vois promené ;
De deux ressorts la liante souplesse
Sur le pavé le porte avec molesse :
Il court au bain, les parfums les plus doux
Rendent sa peau plus fraîche & plus polie.
Le plaisir presse, il vole au rendez-vous ;
Chez Camargo, chez Gauffin, chez Julie,
Le tendre amour l'enivre de faveurs.

Il faut se rendre à ce Palais magique, *
Où les beaux Vers, la danse, la musique,
L'art de tromper les yeux par les couleurs,
L'art plus heureux de séduire les cœurs,
De cent plaisirs font un plaisir unique.
Il va siffler le Jason de Rousseau,
Ou, malgré lui, court admirer Rameau.
Allons souper ; que ces brillants services,
Que ces ragoûts ont pour moi de délices !
Qu'un cuisinier est un mortel divin !
Eglé, Cloris me versent de leur main

* L'Opéra.

Un vin d'Aï, dont la mouſſe preſſée,
De la bouteille avec force élancée,
Comme un éclair fait voler ſon bouchon;
Il part, on rit, il frappe le plafond.
De ce vin frais l'écume pétillante,
De nos François eſt l'image brillante.
Le lendemain donne d'autres deſirs,
D'autres ſoupers & de nouveaux plaiſirs.

   Or maintenant, Mentor & Télémaque,
Vantez-nous bien votre petite Ithaque,
Votre Salente, & ces murs malheureux,
Où vos Crétois triſtement vertueux,
Pauvres d'effet & riches d'abſtinence,
Manquent de tout pour avoir l'abondance.
J'admire fort votre ſtyle flatteur,
Et votre proſe, encor qu'un peu traînante;
Mais, mon ami, je conſens de grand cœur
D'être feſſé dans vos murs de Salente,
Si je vais là pour chercher mon bonheur.
Et vous, jardin de ce premier bon homme,
Jardin fameux par Eve & par ſa pomme:
C'eſt bien en vain que triſtement ſéduits,
Huet, Calmet, dans leur ſavante audace,
Du Paradis ont recherché la place;
Le Paradis terreſtre eſt où je ſuis.

LETTRE

*De M. de Genonville à M. le Comte de P**.*

VOus, qu'Amour n'embrasa jamais
Que d'une ardeur folle & légere,
Qui de sa faveur passagere
Vous fit trop payer les attraits,
*Au Pays de la Synagogue
Vous avez bien changé de ton ;
Vous parlez comme Céladon,
Et votre lettre est une Eglogue,
Digne des rives du Lignon.
Déja ce nouveau zele éclate ;
† As-tu cru que le désespoir
Me fit échapper à l'ingrate ?
Eh ! n'est-ce rien que de la voir ?
Quoi de mon printemps qui commence,
Perdrois-je ainsi le plus beau jour
A gémir des maux de l'absence,
A soupirer pour le retour ?

* La personne à qui cette Lettre est écrite étoit alors à Metz.

† Pour entendre cela, il faut supposer que Mr. le Comte de P**. avoit prêché la constance à son ami-

Laisse-moi, sagesse sévere,
Loin de moi porter la lumiere
Qu'épand ton lugubre flambeau.
Pour mieux nous cacher nos disgraces,
Le Dieu, dont j'ai suivi les traces,
A nos yeux prête son bandeau.
Qu'il regle encor mes destinées,
Qu'il m'inspire encor mes chansons,
Et pour mes dernieres années
Vous aurez d'utiles leçons.
Ovide banni d'Italie
Par le Maitre de l'Univers,
Mais toujours Amant de Julie,
Soupire ses plus tendres Vers :
Et sans qu'il arme son courage
Contre le sort & ses rigueurs,
Pour lui dans ce climat sauvage,
Amour, qu'il a chanté, fera naître des fleurs.
Arbitre de délicatesse,
Maître habile en l'art du plaisir,
Pétrone au Tyran qui le presse
Accordera-t-il un soupir ?
Non, comme au sein de la mollesse,
Il semble goûter le repos.
Héros, que forma la sagesse,

Sûtes-vous mieux braver les maux ?
Comme eux auprès d'une Maîtresse,
Brave le sort moins irrité ;
De cette coupe enchanteresse
Goûte à longs traits la volupté ;
Et tant que durera l'ivresse,
Laisse ignorer à ta jeunesse,
Si c'est erreur ou vérité.
Heureux ! si la coquetterie,
Les soupçons, du repos enfants séditieux,
De cette chaîne qui vous lie
Ne viennent point rompre les nœuds.
Puisse à jamais la jalousie
S'éloigner de vos tendres jeux !
Que sa beauté toujours fleurie
Fasse le plaisir de tes yeux,
Et ton amour le bonheur de sa vie.

ÉPIGRAMME.

De Mr. de Caux contre le Poëte Piron.

QUand Timandre à Paris entonna la
    trompette,
Des rimeurs tels que toi le foible essaim
    trembla;
    Dijon, au bruit de sa musette,
    D'applaudissements le combla,
    Et Beaune en fut si satisfaite,
Qu'elle vint en ses mains remettre une
    houlette,
    Faite du bois qui t'étrilla.

Réponse de Piron.

FOin de votre trompette & de mon fla-
    geolet,
Je donnerois pour rien mon payement & le
    vôtre.
J'eus des coups de bâton, vous des coups
    de sifflet:
Le premier aux rimeurs fait plus d'honneur
    que l'autre.

ÉPÎTRE

A MADAME DE ***.

TU veux donc, belle Uranie,
Qu'érigé, par ton ordre, en Lucrece nou-
veau,
Devant toi d'une main hardie,
A la Religion j'arrache le bandeau ;
Que j'expofe à tes yeux le dangereux tableau
Des menfonges facrés dont la terre eft rem-
plie ;
Et qu'enfin ma Philofophie
T'apprenne à méprifer les horreurs du tom-
beau,
Et les terreurs de l'autre vie.
Ne crois point qu'enivré des erreurs de mes
fens,
De ma Religion blafphémateur profane,
Je veuille avec dépit dans mes égaremens
Détruire en libertin la loi qui les condamne ;
Examinateur fcrupuleux,
De ce redoutable Myftere
Je prétends pénétrer d'un pas refpectueux
Au plus profond du fanctuaire

Du Dieu, mort sur la Croix, que l'Europe
    revere.
    L'horreur d'une effroyable nuit
Semble cacher son Temple à mon œil témé-
    raire ;
    Mais la raison qui m'y conduit
Fait marcher devant moi son flambeau qui
    m'éclaire.
Les Prêtres de ce Temple, avec un ton sévere,
M'offrent d'abord un Dieu que je devrois
    haïr ;
Un Dieu qui nous forma pour être misé-
    rables,
    Qui nous donna des cœurs coupables
    Pour avoir droit de nous punir ;
Qui nous créa d'abord à lui-même sembla-
    bles,
    Afin de nous mieux avilir,
    Et nous faire à jamais souffrir
    Des tourments plus épouvantables.
Sa main créoit à peine une ame à son image,
    Qu'on l'en vit soudain repentir ;
Comme si l'ouvrier n'avoit pas dû sentir
    Les défauts de son propre ouvrage
    Et sagement les prévenir.

Bientôt fa fureur meurtriere
Du monde épouvanté frappant les fonde-
ments,
Dans un déluge d'eau détruit en même-temps
Les facrileges habitants
Qui rempliſſoient la terre entiere
De leurs honteux déréglements.
Sans doute on le verra, par d'heureux chan-
gements,
Sous un Ciel épuré redonner la lumiere
A des nouveaux humains, à des cœurs in-
nocents,
De fa lente fageſſe éternels monuments.
Non, il tire de la pouſſiere
Un nouveau Peuple de Titans;
Une race livrée à fes emportements,
Plus coupable que la premiere:
Que fera-t-il? Quels foudres éclatants
Vont fur ces malheureux lancer fes mains
féveres!
Va-t-il dans ce cahos plonger les éléments?
Ecoutez: ô prodige! ô tendreſſe! ô myſtere!
Il venoit de noyer le pere,
Il va mourir pour les enfants.
Il eſt un Peuple obfcur, imbécille, volage,

Amateur infenfé des fuperftitions,
Vaincu par fes voifins, rampant dans l'efcla-
vage,
Et l'éternel mépris des autres Nations :
Le Fils de Dieu, Dieu même, oubliant fa
puiffance,
Se fait Concitoyen de ce Peuple odieux ;
Dans les flancs d'une Juive il vient prendre
naiffance,
Il rampe fous fa mere, il fouffre fous fes yeux
Les infirmités de l'enfance.
Long-temps vil ouvrier, un rabot à la main,
Ses beaux jours font perdus dans ce lâche
exercice ;
Il prêche enfin trois ans le Peuple Iduméen,
Et périt du dernier fupplice.
Son fang du moins, ce fang d'un Dieu mou-
rant pour nous,
N'étoit-il pas d'un prix affez noble, affez
rare,
Pour fuffire à parer les coups
Que l'enfer jaloux nous prépare ?
Quoi ! Dieu voulut mourir pour le falut de
tous,
Et fon trépas eft inutile !

Quoi! l'on me vantera sa clémence facile,
Quand remontant au Ciel, il reprend son
courroux;
Quand sa main nous replonge aux éternels
abymes;
Et que par ses fureurs effaçant ses bienfaits,
Ayant versé son sang pour expier nos crimes,
Il nous punit de ceux que nous n'avons pas
faits!
Ce Dieu poursuit encore, aveugle en sa
colere,
Sur les derniers enfants l'erreur du premier
Pere;
Il redemande compte à cent Peuples divers
Assis dans la nuit du mensonge,
De ces obscurités où lui-même il les plonge,
Lui qui vient, nous dit-on, éclairer l'univers!
Amérique, vastes contrées,
Peuples, que Dieu fit naître aux portes du
soleil;
Vous, Nations hyperborées,
Vous, que l'erreur nourrit dans un profond
sommeil,
Vous serez donc un jour à sa fureur livrées,
Pour n'avoir pas su qu'autrefois,

Sous un autre Hémisphere, aux plaines
Idumées,
Le Fils d'un Charpentier expira sur la Croix?
Non, je ne connois point à cette indigne
image
Le Dieu que je dois adorer;
Je croirois le deshonorer
Par un si criminel hommage.
Entends, Dieu que j'implore, entends du
haut des Cieux
Ma voix pitoyable & sincere.
Mon incrédulité ne doit point te déplaire;
Mon cœur est ouvert à tes yeux;
On te fait un tyran, en toi je cherche un Pere;
Je ne suis point Chrétien, mais c'est pour
t'aimer mieux.
Ciel! ô Ciel! quel objet vient s'offrir à ma
vue!
Je reconnois le Christ puissant & glorieux;
Auprès de lui dans une nue
Sa Croix se présente à mes yeux.
Sous ses pieds triomphants la mort est abattue;
Des portes de l'enfer il sort victorieux;
Son regne est annoncé par la voix des ora-
cles,

Son

Son Trône eſt cimenté par le ſang des Mar-
      tyrs;
Tous les pas de ſes Saints ſont autant de mi-
      racles;
Il leur promet des biens plus grands que
      leurs deſirs;
Ses exemples ſont ſaints, ſa morale eſt divine;
Il conſole en ſecret les cœurs qu'il illumine;
Dans les plus grands malheurs il nous offre
      un appui;
Et ſi ſur l'impoſture il fonde ſa doctrine,
C'eſt un bonheur encor d'être trompé par
      lui.
Entre ces deux portraits, incertaine Uranie,
C'eſt à toi de chercher l'obſcure vérité,
A toi que la nature honora d'un génie
      Qui ſeul égale ta beauté.
Songe que du Très-Haut la ſageſſe immor-
      telle
A gravé de ſa main dans le fond de ton cœur
      La Religion naturelle;
Crois que ta bonne foi, ta bonté, ta douceur
Ne ſont point les objets de ſa haine éternelle;
Crois que devant ſon trône, en tout temps,
      en tous lieux

Le cœur du juste est précieux;
Crois qu'un Bonze modeste, un Dervis charitable
Trouvent plutôt grace à ses yeux,
Qu'un Janséniste impitoyable,
Ou qu'un Jésuite ambitieux.
Et qu'importe, en effet, sous quel titre on l'implore?
Tout homme le reçoit, mais aucun ne l'honore.
Ce Dieu n'a pas besoin de nos vœux assidus;
Si l'on peut l'offenser, c'est par des injustices:
Il nous juge sur nos vertus,
Et non pas sur nos sacrifices.

DIALOGUE

Entre les Peres le Tellier, la Rue & la Ferté, Jésuites.

Dimanche au sortir de la Messe,
Le Grand-Inquisiteur de la Maison Professe
   Voyant la Rue & la Ferté,
    Court vers eux, & tout transporté,
   Ridant le front, allongeant le visage,
    Leur tint à peu près ce langage:
Mes Peres, certain bruit se répand dans
      Paris,
    Qu'en plus d'un lieu vos Révérences
De nos trois bons amis traitent les ordon-
      nances
    Avec un souverain mépris.
Ces Prélats, il est vrai, ne sont pas grands
      esprits;
    Mais il suffit qu'ils ayent pris,
    Par une aveugle obéissance,
Notre juste parti contre Son Eminence:
Toutefois hardiment vous prenez sa défense
    Contre notre Société.

L ij

N'abufez pas de ma bonté;
Ne pouffez pas ma patience
A la derniere extrémité.
Rien ne s'oppofe à ma puiffance;
Dans le pofte où je fuis, je peux ce que je
veux,
Et pourrois bien .... vous m'entendez tous
deux.
Mon Pere, que votre naiffance,
Dit le Tellier à la Ferté,
Vos talents & votre éloquence
N'enflent point votre Révérence :
J'eftime peu la qualité,
Mais j'eftime l'obéiffance.
Croyez-moi, gardez le filence
Sur Gap, la Rochelle & Luçon,
Et mettez à profit cette utile leçon.
A notre crédit rien n'échappe;
Vous favez comme on a traité
A Macao le Député
De notre faint Pere le Pape.
C'eft un coup éclatant, dont le feul fou-
venir
Fera trembler tout l'avenir :
Toute la terre en fait l'hiftoire.

Ainſi, ſi vous voulez m'en croire,
Changez de langage & de ton :
Que le Cardinal de Tournon
Soit pour vous un exemple à craindre.
Je vous trouverois fort à plaindre,
Si vous oſiez, pour plaire au Prélat de
    Paris,
Eprouver ce que peut un corps comme le
    nôtre :
Ne mettez pas à ſi haut prix
L'inutile faveur de ce nouvel Apôtre ;
Vous pourriez vous y trouver pris.
Et vous, du célebre Virgile,
S'adreſſant à la Rue, obſcur commenta-
    teur,
Qui vous croyez de l'Evangile
Le plus ſavant Prédicateur,
Rabattez votre vaine gloire.
Oui, notre Maître Chamillard
Mille fois plus que vous a de fineſſe & d'art,
D'agrément, d'eſprit, de mémoire.
Dans Orleans, le Carême paſſé,
Il a, m'a-t-on dit, terraſſé
Tous les Prêcheurs de l'Oratoire,
Et fait ſur leurs débris élever Molina ;

Mais laiſſons cette affaire là,
Et revenons à vous. Par quelle hardieſſe
Dans vos Sermons parlerez-vous ſans
ceſſe
Du pouvoir de Dieu ſur les cœurs?
Il me ſouvient qu'à ſaint Euſtache
Vous preniez tous les jours à tâche
De prouver à vos auditeurs,
Que l'homme eſt toujours ſourd, quoiqu'on
diſe & qu'on faſſe,
Si Dieu ne parle au cœur par la voix de la
grace.
Oh! ſi pour lors, comme aujourd'hui,
J'euſſe occupé l'auguſte place
Où la Chaiſe regnoit, j'aurois mieux fait
que lui;
Je vous aurois appris à l'inſtant à vous taire,
Et fait du même jour interdire la Chaire.
A ces mots emportés, le Tellier tout en feu
Voulut ſe repoſer un peu.
Mon Pere, répondit la Rue,
Le monde aujourd'hui n'eſt plus grue:
En vérité, de tels Prélats
Font peu d'honneur à notre cauſe;
Leur démérite nous expoſe

A mille fâcheux embarras.
On connoît de Chamfleur la profonde igno-
rance,
Du Prélat de Luçon la vaste insuffisance;
Pour notre Malissole, hélas!
Le Public méprisant en fait si peu de cas,
Qu'il est tout étonné de le voir sur la Scene:
Il étoit jusqu'ici demeuré si caché,
Que les plus curieux à peine
Savoient qu'il eût un Evêché.
C'est dans l'Eglise un Allobroge,
Qui ne sait ni Grec, ni Latin,
Et n'a pour tout François que su mettre
son seing
Au bas d'un écrit de Doucin.
Voilà de vos amis le magnifique éloge.
Au lieu que d'un digne Prélat,
Cause innocente du débat,
Le sage, le pieux Noailles
A pour lui, contre tous, la voix de ses
ouailles.
Mais grace aux trois Prélats, & leurs savants
écrits
Sur le mystere de la grace,
Dont la profondeur les surpasse,

L iv

Nous sommes l'objet du mépris
De la plus vile populace.
La Faculté d'Anopolis,
Où, pour preuve de leur science,
Nos amis ont fait leur Licence,
De ces Ecrivains si polis
A turlupiné l'Ordonnance.
Venons à nos Sermons, c'est assez parler
d'eux.
Oserai-je, par complaisance
Pour votre Révérence,
Prêcher ce dogme monstrueux,
Que l'homme peut sortir du vice
Par sa liberté seule & sa propre justice?
Que la grace qui nous rend Saints
N'est que l'ouvrage de nos mains?
Que l'homme toujours foible, impuissant à
bien faire,
S'éleve jusqu'au Ciel, guérit seul sa misere;
Qu'il prévient seul la grace & seul guide
son cours;
Dresse ses pas vers Dieu, sans son divin
secours;
En un mot, qu'il peut par lui-même
Arriver au bonheur suprême?

C’eſt un dogme que Paul a frappé d’ana-
   théme.

   Dans cet Edifice ſacré
Que Dieu bâtit au Ciel de pierres immor-
   telles,
    Les pierres peuvent-elles
    Se placer à leur gré?
N’eſt-ce pas l’ouvrier, dont la main tou-
   jours ſainte
Les taille, les choiſit pour ſon divin Palais,
Les place comme il veut dans ſa ſuperbe
   enceinte,
   Pour y demeurer à jamais?
Ce ſuprême artiſan, d’une main qui ſe joue,
Fait cent vaſes divers pris d’une même
   boue.
L’un ſur un trône aſſis, brillant de toutes
   parts,
Du ſpectateur ſurpris attire les regards :
   L’autre, pris de la même maſſe,
Avec honte paroît dans la plus vile place :
Nul n’oſe toutefois accuſer ſes deſſeins
Dans l’inégalité des œuvres de ſes mains.
Tous ſavent qu’il eſt Dieu, que ſon pou-
   voir auguſte,

Faisant tout ce qu'il veut, ne fait rien que
  de juste.

Voilà ce qu'avant moi le grand Paul a prêché,

Et que j'ose aujourd'hui bégayer dans la
  chaire :

Heureux, si j'en étois moi-même bien touché !

  Si c'est là, mon Révérend Pere,

Un crime, une héréfie, un malheur, un
  péché,

  Je fuis criminel, Hérétique,

  Malheureux, pécheur endurci....

A peine achevoit-il, que comme un fréné-
  tique,

Le Tellier pouffe en l'air un effroyable cri.

Quoi, dit-il, écumant de rage & de colere,

J'aurai de Port-Royal détruit le Monaftere,

De l'Hérétique Arnaud foudroyé les écrits,

Fait condamner Quefnel par Gap & la Rochelle !

  Malgré le béat de Paris,

Secondé de Luçon, plein d'ardeur, plein
  de zele,

Aidé de Martineau, foutenu de Dervain,

Dont l'éloquence eſt reſpectable,

J'aurai découvert le venin,

Que depuis quarante ans ce livre abomi-
nable,

Sans qu'on l'ait apperçu, nourriſſoit dans
ſon ſein!

Et qui ſauroit, ſans moi, que le pur Janſé-
niſme,

Pire cent fois que l'Athéiſme,

Dans ces réflexions, dont maint ſot eſt touché,

Sous des dehors pieux, en cent lieux eſt
caché!

Sans cette heureuſe découverte,

Les Chrétiens abuſés couroient tous à leur
perte:

Tant il eſt vrai que Dieu découvre aux
ignorants

Des myſteres qu'il cache aux yeux des plus
ſavants.

Après ce que j'ai dit, peut-on avoir l'audace

De venir prêcher que la grace

Eſt néceſſaire, invincible, efficace!

Que Dieu, quand il lui plaît, peut d'un
cœur révolté,

Par son souffle divin changer la volonté?
Qu'ayant terrassé Paul, quand il veut il ter-
    rasse
    Le vain orgueil du cœur humain?
    Qu'il tient tous nos cœurs en sa main;
      Qu'il en est le souverain Maître;
      Qu'il nous choisit avant de naître;
Que par un pur effort de sa tendre amitié,
      De l'un il a pitié,
Tandis que par justice il abandonne l'au-
    tre?
    Je sais bien que certain Apôtre
    En son temps tenoit tels discours:
    Mais dans un temps comme le nôtre,
Il pourroit à Quimper aller finir ses jours,
    S'il tenoit ce même langage;
    Oui, j'en jure par Loyola.
      Jugez après cela
    A quoi ce grand serment m'engage.
    Il en auroit dit davantage,
    Si le bon Pere la Ferté
    N'eût, d'un air doux, modeste & sage,
    Interrompu cet emporté.
    Pardonnez-moi ma liberté,
    Dit-il au fougueux personnage:

Souvent en voulant fuir les dogmes de
    Calvin,
     On tombe dans ceux de Pélage.
Pour ne point s'égarer, suivons saint Au-
    guſtin.
Saint Auguſtin! reprit le Tellier en furie,
    Bon Dieu, mêlez-vous, je vous prie,
     D'aller apprendre vos Sermons.
     Vous avez oublié, je penſe,
Comment, en foudroyant le teſtament de
    Mons,
    Paul, Auguſtin, Proſper, Fulgence,
     Et tous ces autres vains Auteurs,
Que de Janſénius la malheureuſe engeance
    Qualifioit Docteurs,
Et n'étoient que l'appui de ces vieilles erreurs,
Ont été dégradés comme des ſéducteurs.
    Allez prêcher aux harangueurs
    La foible autorité des Peres:
    Ce n'en eſt pas une pour moi,
    Ils ne ſont pas la regle de ma Foi;
    Ils ont été ce que nous ſommes,
Ils ont pu ſe tromper comme les autres
    hommes,
    Et ſe ſont trompés fort ſouvent:

Autant en emporte le vent.
A cet effroyable langage,
Plein d'horreur & d'impiété,
Hé, quoi, repliqua la Ferté,
N'eſt-ce pas eux qui d'âge en âge
Ont porté juſqu'à nous, ſans ombre & ſans
    nuage,
Le grand jour de la vérité?
Pour démaſquer la fauſſeté
De l'héréſie encor naiſſante,
Les Peres, aſſemblés à Trente,
De Paul & d'Auguſtin n'ont-ils point em-
    prunté
L'inébranlable autorité?
Ont-ils dit que la liberté
Etoit maîtreſſe de la grace;
Qu'elle la rendoit à ſon gré
Tantôt inſuffiſante & tantôt efficace?
Ils ont dit ce qu'ils ont voulu,
Interrompit Tellier, d'un ton fier, réſolu;
De leur autorité c'eſt en vain qu'on ſe
    pare:
Je ſoutiens moi que l'efficacité
Depend de notre volonté.
Ajoutez, s'il vous plaît, replique la Ferté,

Que c'eſt Dieu qui nous la prépare,
Et que ſans lui la volonté s'égare,
Se porte au mal, loin de courir au bien.
Sans la grace l'homme n'eſt rien;
Ce n'eſt qu'un aveugle ſans guide,
Un cheval ſans mords & ſans bride,
Un vaiſſeau ſans pilote à la merci des vents;
Tous ſes efforts ſans lui ſont impuiſſants.
Une ame abandonnée à ſa propre foibleſſe,
Chancele, s'égare, ſe bleſſe,
Et fait autant de chûtes que de pas;
A tout moment le pied lui gliſſe
Et tombe dans le précipice.
C'eſt ce qu'en cent endroits enſeigne ſaint
Thomas.
Ma foi, dit le Tellier, en voici bien d'un
autre :
Vous croyez donc que je fais plus de cas
D'un Jacobin que d'un Apôtre?
Ah! la plaiſante autorité!
Plaiſante, reprit la Ferté;
Le ſage Fondateur de la Société
N'avoit pas l'humeur ſi chagrine;
Lui qui par un décret, par nous peu reſ-
pecté,

Veut que nos Profeſſeurs enſeignent ſa doc-
  trine.
Mais ſans nous écarter dans ces digreſ-
  ſions,
    Que répondre aux expreſſions,
    Dont ſe ſert le divin Apôtre,
  Lorſqu'il a dit pour montrer aux Romains
Que c'eſt Dieu ſeul qui tient notre cœur
    en ſes mains,
    Qu'il prend l'un & qu'il laiſſe l'autre?
    Qui pourra ſe plaindre de Dieu,
    Ajoute-t-il au même lieu,
    Si pour faire voir ſa puiſſance
    Et ſa juſte indignation,
    Il ſupporte avec patience
Des vaſes préparés pour la perdition!
    Eh, pourquoi? Pour faire paroître
Les tréſors de ſa grace en ceux qu'il a
    choiſis
    Long-temps même avant que de naître,
Pour regner ſur le trône où lui-même eſt
    aſſis.
    A cette terrible parole,
Que répondront Chamfleur, Leſcure &
    Maliſſole,

Et

Et si vous le voulez aussi,
Fleuriau , Bargedès , Chaulnes , Madet,
    Bissi ,
  Et les soixante bonnes têtes,
Si l'on en croit Bouchart, au moindre coup
    d'œil prêtes ,
A foudroyer Quesnel & ses Approbateurs,
  Deux cents Prélats & cinq Docteurs ?
Encore un mot : quand Paul dans l'Eglise
    naissante ,
  Porta la guerre & la terreur,
  Les compagnons de sa fureur
  Sentoient-ils au fond de leur cœur
L'heureuse impression de cette voix puis-
    sante ,
Qui n'appellant que lui, fit d'un persécu-
    teur
Un vase plein de grace , un Apôtre , un
    Pasteur ,
  Et dans l'égarement funeste ,
Ne retirant que Paul, y laissa tout le reste ?
  De ses jugements souverains
  Faut-il que Dieu nous rende compte ?
  Rougissons vous & moi de honte
  D'être si foibles & si vains.

M

A parler franchement, c'eſt toute l'héréſie
　　　　Que nous avons l'art d'y trouver;
　　　　Mais il s'agit de la prouver,
　　　　Et le Public nous en défie.
　　　　La ſeule choſe en quoi Queſnel
　　　　Sans contredit eſt criminel,
C'eſt de n'avoir pas dit que quelqu'un de
　　　　　　nos Peres
　　　　Fut l'Auteur de ſes Commentaires.
　　　　Nous aurions tous en proſe, en vers,
　　　　D'un livre aujourd'hui ſi pervers
　　　　Fait un éloge magnifique.
　　　　Il ne ſeroit plus tel qu'il eſt,
　　　　L'ouvrage ſeroit canonique;
　　　　Car nous ſavons, quand il nous plaît,
　　　　Changer un Saint en Hérétique,
　　　　Et notre adroite Politique
Sait à la vérité préférer l'intérêt.
Eh quoi! Queſnel aura pour lui la voix pu-
　　　　　　blique,
Pour lui ſeul chez Pralard on courra tous
　　　　　　les jours,
　　　　Tandis que chez Joſſe, Bouhours
Depuis plus de vingt ans gardera la bou-
　　　　　　tique,

Au fond d'un magasin plus triste & plus
    reclus
    Que Virginie & Regulus?
    Ne souffrons point un tel outrage,
Si l'Auteur nous échappe, écrasons son ou-
    vrage;
    Mais n'allons pas étourdiment
Opposer à Quesnel ce nouveau Testament,
    Dont on voit déja dans les rues
    Cinq ou six feuilles répandues.
Intriguons-nous beaucoup, mais aussi par-
    lons peu,
    Et sur-tout gardons-nous d'écrire.
On voit que le Public par notre propre aveu
    Ne s'empresse guere à nous lire.
    Une Lettre de Phelyppeaux
    Vaut cent fois mieux que nos ouvrages,
    Dont les souris rongent les pages,
    Comme du Testament de Meaux,
    Dont le style ennuyeux rebute.
Les lettres de cachet abregent la dispute.
    Envoyons-les à Quimpercorantin,
    Commenter leur saint Augustin;
Ou pour mieux pratiquer la nouvelle mé-
    thode,

Dont on vient d'inventer la mode,
Au lieu d'écouter leurs raifons,
Dont la force entre nous fouvent nous in-
commode,
Faites abattre leurs maifons?
Car naiffant tous le cafque en tête,
Il nous feroit honteux que, pour toute con-
quête,
Nous n'euffions fait rafer qu'un miférable
lieu,
Qui tout au plus n'étoit foutenu que de Dieu.
Noailles ne vous aime guere,
Il eft de Port-Royal le fecret Protecteur,
Et quoiqu'il en faffe un myftere,
Eft Janfénifte au fond du cœur.
Le bon coup, fi nous pouvions faire
De fon Palais Archiépifcopal
Ce qu'on a fait de Port-Royal!
Il eft vrai, le deffein eft un peu téméraire;
Mais eft-ce le premier que la Société
Auroit heureufement tenté?
Dût-elle fervir de victime
Au Parlement entier, contre nous tout porté;
Jouvenci fera voir à la poftérité,
Que fouvent ce n'eft pas un crime

Qu'une heureuſe témérité.
A ce diſcours railleur, le Pere le Tellier
Etoit ſur la Ferté tout prêt à s'élancer,
          Quand le Portier vint annoncer,
          Qu'une Cohue Epiſcopale
          Attend depuis un fort long-temps
          Le Révérend dans la grand'ſale,
      Pour corriger cinq ou ſix Mandements
          Que ces Meſſeigneurs ont fait faire
          Par le plus docte Sécrétaire
          Du Charnier des ſaints Innocents.
          A cette agréable nouvelle,
          Le Tellier reprend tous ſes ſens,
Et quoiqu'encor en feu, met fin à la querelle,
          S'ajuſte, ſe compoſe, part,
          Avec l'air & la bonne grace
          D'un Régent qui ſort de la Claſſe,
Et lance aux deux reſtants un ſiniſtre regard,
Dont le couple aguerri mépriſe la menace:
Puis ſe radouciſſant, dit d'un ton goguenard,
          Je pars vendredi pour Verſailles,
          C'eſt là que l'on décidera
          Sur un tel fait qui cédera
          Ou de Tellier, ou de Noailles.
                 F I N.

TABLE DES MATIERES.

TABLE.

Fin de la Table.

www.ingramcontent.com/pod-product-compliance
Ingram Content Group UK Ltd.
Pitfield, Milton Keynes, MK11 3LW, UK
UKHW021637170726
13836UKWH00005B/2229